经济管理学术文库·经济类

从源头上提高劳动所得比重的 新型劳资分配关系研究

The Research on New Labor and Capital Distribution to
Improve Labor Income Proportion from the Source

肖曙光 / 著

经济管理出版社
ECONOMY & MANAGEMENT PUBLISHING HOUSE

图书在版编目（CIP）数据

从源头上提高劳动所得比重的新型劳资分配关系研究/肖曙光著. —北京：经济管理出版社，
2015.3

ISBN 978-7-5096-2157-8

Ⅰ.①从… Ⅱ.①肖… Ⅲ.①劳资关系—研究 Ⅳ.①F246

中国版本图书馆 CIP 数据核字（2012）第 265359 号

组稿编辑：宋　娜
责任编辑：孙　宇
责任印制：黄章平
责任校对：李玉敏

出版发行：经济管理出版社
　　　　　（北京市海淀区北蜂窝 8 号中雅大厦 A 座 11 层　100038）
网　　址：www. E-mp. com. cn
电　　话：（010）51915602
印　　刷：北京京华虎彩印刷有限公司
经　　销：新华书店
开　　本：720mm×1000mm/16
印　　张：14.5
字　　数：248 千字
版　　次：2015 年 3 月第 1 版　2015 年 3 月第 1 次印刷
书　　号：ISBN 978-7-5096-2157-8
定　　价：78.00 元

摘　要

　　本书主要就三个层次的问题进行了研究探讨：第一个层次的问题是人力资本参与企业剩余分配的机理研究，具体研究了人力资本参与企业剩余分配的理论依据论证、所有权与经营权两权配置制度演进及其与人力资本参与企业剩余分配的关系、企业分配制度范式的演进以及各种分配制度范式的内容与条件等。第二个层次的问题是从宏观、中观、微观和个体四个角度探讨了提高劳动报酬在初次分配中的比重及其劳资分配问题。其中，宏观角度主要采用国家统计局统计年鉴数据进行实证分析及简要理论阐释，而中观、微观和个体三个角度的探讨又进一步从价值网络化产业组织的全新视角探究了产业和企业两个层面的劳资分配，具体研究价值网络化产业组织三类企业劳资分配权威或主导分配范式的一般分析架构、三类企业的劳资分配机制（包括价值网络化产业组织三类企业劳资在分配中的身份、地位、收入模式、分配依据、分配顺序以及分配治理等）。第三个层次的问题是深入地研究了人力资本参与企业剩余分配的基础理论与制度保障，具体研究了人力资本的量化改进、人力资本股东收入模式理论基础、人力资本流动性及人力资本股东有限责任承担、保障人力资本与物质资本具有均等机会和同等权利分享企业剩余的会计制度体系重构等问题。

　　对于第一个层次的问题，本书通过梳理众多学者（包括笔者）的思想主张，系统地从利润贡献、激励角度和产权角度等传统理论角度进行了人力资本参与企业剩余分配的理论依据论证。本书指出，这些传统论证并没有抓住问题的实质，因为它无法解释利润贡献等因素在传统经济时代就一直客观存在的情况下，物质资本主导并独享企业剩余的传统范式仍被长期奉为经典的事实。笔者进一步认为，只有从经济形态与分配制度范式的演进关系角度来论证其理论依据才抓住了问题本质，因为新经济形态不但派生了人力资本这一新资本形态，而且还使其分享企业剩余的愿望日趋强烈。于是，本书进一步地从经济形态与分配制度范式的演进关系、所有权与经营权两权配置制度演进及其与人力资本参与企业剩余分配的关系、企业分配制度范式的演进以及各种分配制度范式的内容与条件等角度对人力资本参与企业剩余分配的机理进行了深化研究。

对于第二个层次的中观、微观和个体分配问题，本书从价值网络化产业组织角度进行了较有新意的研究。价值网络化产业组织的主导形态是模块化契约网络组织，具体包括模块制造商、系统集成商和规则设计商三类组织形态。本书认为，价值网络化产业组织的劳资分配是对税后增加值（即税后 V+M 部分）的分配，具体分为两个层面：其一是劳资作为一个整体（法人形式出现）以中间产品分工契约方式所进行的产业组织层面的分配，劳资群体的分配受益格局是按模块制造商、系统集成商和规则设计商依次显著递增；其二是劳资在产业组织层面的分配基础上所进行的企业层面的分配。本书分析指出，三类企业的劳资分配范式分属于三种不同范式：模块制造商——物质资本主导的分配范式；系统集成商——人力资本与物质资本共同主导的分配范式；规则设计商——人力资本主导的分配范式。三类企业劳资在分配中的身份、地位、收入模式、分配依据、分配顺序以及分配治理等都存在很大的不同，本书也对其进行了较系统的研究。

对于第三个层次的系列问题都进行了较有新意的研究，具体是：①关于人力资本的量化改进问题，笔者在分析了经典人力资本理论有关人力资本量化模式的巨大缺陷的基础上，提出了凭借市场机制来进行人力资本科学量化的新模式。②关于人力资本股东收入的模式理论基础问题，笔者通过人力资本折旧问题的分析探究，科学回答了影响人力资本股东收入模式问题，答案为：人力资本股东不仅可像物质资本股东一样获取股利收入（在企业盈利时），还可按月领取一份工资（相当于人力资本折旧费）。③关于人力资本流动性问题，笔者认为，自由流动是资本的本质属性之一。人力资本作为一种与物质资本相对应的资本，其流动性是客观存在的。如果以企业作为一个研究系统，则企业人力资本的流动包括两种形式：一是人力资本对企业的流入与流出；二是人力资本在企业内部的流动。这两种形式的人力资本流动都将对人力资本出资企业的劳资分配产生重要影响。④关于人力资本股东有限责任承担问题，笔者认为人力资本出资后，人力资本所有者和物质资本所有者均成了企业股东，二者共享了企业剩余，当然也必须共担风险，承担有限责任。由于人力资本为一种无形资本，在财务上直接履行有限责任存在很大障碍，为克服障碍，笔者提出了相应的制度安排设计思路。⑤关于企业治理制度体系重构问题，笔者研究认为企业治理需要解决好三大基本问题：一是企业利益主体的利益基点差异问题；二是企业中的治理主体理性度不足问题；三是治理主体之间的信息不对称问题。由此构建了分析企业治理本质的一般理论框架，并在此基础上重构保障人力资本与物质资本具有均等机会和同等权利分享企业剩余的新型企业治理制度安排体系。⑥关于会计制度体系重构问题，笔者在借鉴传统会计制度体系的基础上，从人力资本出资的投资会计制度安排、人力资本出资的企业经营活动会计制度安排、人力资本出资的企业会计报告制度安排几个方面重构了传统会计制度体系，以保障人力资本与物质资本具有均等机会和同等权利分享企业剩余。

本书研究指出，从"源头"上提高劳动报酬在初次分配中的比重最主要是从"宏观税负减负、产业结构、劳资分配制度范式、人力资本结构"四个"源头"上做文章，最终形成"宏观税负减负—产业结构升级—劳资分配制度范式的变化—人力资本结构改善—收入分配结构优化"的良性循环。

关键词：源头；劳动所得；新型劳资分配；产业价值网络；模块化网络组织

Abstract

This works mainly discusses three levels of problems: the first level of problem is the mechanism research about human capital participating in the enterprise's residual assignment, specifically researches on the theory of argumentation about human capital participating in the enterprise's residual assignment, the evolution of the amalgamation or separation of ownership and control, the distribution system model and the content and condition of various distribution system model and so on. The second level problem is the labor distribution of two aspect in industrial organization: industry and enterprise, specifically studies the labor distribution authority in three types of enterprises of industrial organization or general analytical framework of dominant distribution paradigm, labor distribution mechanism in three types of enterprises (including the labor capital identity, status, income models, distribution basis, distribution order as well as distribution control and so on in distribution in three types of enterprises of industrial organization). The third level problem is deeply studying the basic theory and system security to let human capital participate in the enterprise surplus allocation, specifically studies human capital quantitative improvement, human capital shareholders income mode theory base, human capital fluidity and human capital shareholder's limited liability, the accounting system reconstruction to ensure human capital and material capital has the equal opportunity and equal power sharing of enterprise surplus and other problems.

For the first level of the problem, by combing numerous scholars' (including previous author) ideas, the works systematically analyzes the theory of human capital participating in the enterprise's residual assignment from profit contribution, incentive mechanism and property rights and other traditional theory angles. The works points that, these traditional arguments do not capture the essence of the problem, because they can't explain the truth that traditional paradigm of material capital manages and exclusively gets the enterprise surplus has been regarded as a classic truth for long time even though the profit contribution factor has been objective existed in traditional economy times. The author further considers that, we can capture the nature of the problem only by proving its theoretical basis from the evolution relation perspective of economic morphology and distribution system paradigm, because the new economic not only derives the new capital formation—human capital, but also makes its sharing enterprise surplus desire more intense. Therefore, the works studies on the mechanism that human capital participating in the enterprise's residual assignment furthermore from the evolution relation perspective of economic morphology and distribution system paradigm.

For the second level of the problem, The works takes a new research from the view of modular contract network organization. The dominant form of industrial organization is modular contract network organization, specifically including three types of enterprise organizational form such as module—maker, integrator and designer. the works suggests that the labor distribution in industrial organization is the distribution of after—tax value added (namely V + M part after—tax), specifically divides into two levels: the first level is the distribution with intermediate products piece—work contract way in industrial organization levels by taking the labor and capital as a whole (appears as legal person), labor group's distribution benefit pattern shows increasing rapidly and significantly in order of module—maker, integrator and designer; the second level is the labor distribution in enterprise level based on the distribution in industrial organization level. This works analyzes that three types of enterprise's labor distribution paradigm belong to three different paradigms: the module—maker—the distribution paradigm leading by physical capital, the integrator— the distribution paradigm leading by human capital and physical capital both, and the designer—the distribution paradigm leading by human capital. The labor distribution in three types of enterprise has big distinction such as identity, status, income models, distribution basis, and distribution order as well as the distribution control and so on, this article also discusses them systematically.

The author also takes a new research for the third level of the problem, specifically: ①About the human capital quantization improving problem, the author puts forward a new human capital scientific quantification model relying on the market mechanism on the basis of the author's analysis of the huge defects of human capital quantitative model in classical human capital theory. ② About the human capital shareholders' income mode theory foundation problem, the author analyses human capital depreciation problem, answer the human capital shareholders' income pattern influenced problem scientifically, the answer is: not only does the human capital shareholders obtain dividends income like physical capital shareholders (when enterprise gets profit), but also they can receive wages monthly (equivalent to human capital depreciation cost). ③About the human capital liquidity problem, the author thinks that freedom of movement is one of the essential attribute of capital. As a kind of capital corresponds to the material capital, the liquidity of human capital objectively exists. If we take the enterprise as a research system, enterprise human capital flowing includes two forms: one form is the human capital's inflowing and out flowing of enterprise; one form is the human capital's internal flowing in the enterprise. These two types of human capital flowing will have material effect on labor distribution in the human capital investment enterprise. ④About the human capital shareholder's limited liability problem, the author considers that after the human capital investment, the human capital owner and the material capital owner become the enterprise shareholder, both of them share enterprise surplus, certainly both of them must take the risks, undertake limited liability. As the human capital is a kind of intangible capital, there is a big obstacle when perform limited liability directly in financial, in order to overcome the obstacle, the author proposes some Corresponding arrangement design ideas. ⑤ About corporate governance systems reconstruction problem, the author thinks the essence of the corporate governance needs to solve three basic problems: the first is to solve the principal Main body's Interest foundation difference problem; the second is to solve the problem that the principal Main body's rational degree is insufficient; the third is to solve the principal Main body's information asymmetry problem; and points that is the the general theory analysis frame of the corporate governance, and on the basis of the analysis fram, author reconstructs the traditional accounting system to ensure the human capital and material capital have the equal opportunity and equal sharing of power enterprise surplus. ⑥About the accounting system reconstruction problem, the author uses the traditional accounting system for reference, reconstructs the traditional accounting system from four aspects: the investment accounting system arrangement of human capital contribution, the business activities accounting system arrangement of human capital contribution, the enterprise accounting works system arrangement of human capital contribution and the enterprise accounting security system arrangement of human capital contribution, to ensure the human capital and material capital have the equal opportunity and equal sharing of power enterprise surplus.

The works points that, under the condition that the taxes burden parameter has been constant, improving labor remuneration proportion in primary distribution from the "source" mainly starts from "three fountainhead" —"industrial structure, industrial distribution system paradigm, human capital structure", eventually forms the benign loop: "the upgrading of industrial structure—the change of distribution between labor and capital system paradigm—the human capital structure improve—the income distribution structure optimization".

Key Words: Source; Labor Income; New Labor Distribution; Industry Value Network; Modular Network Organization

目　录

图 目 录

表 目 录

第一章 导 论

自 20 世纪 90 年代中后期以来，我国劳动者报酬占 GDP 比重一直处于一种低水平状态并呈逐步下滑趋势，已引发诸多负面效应。甚至可以说，现在我国经济发展过程中出现的不少突出矛盾和问题都与此有关。因此，提高劳动报酬在初次分配中的比重关系着我国国民经济发展全局，是解决当前我国经济社会生活中的突出矛盾和问题、促进科学发展和社会和谐的重要途径。本章讨论了以下几个方面问题：一是阐释了提高劳动报酬在初次分配中的比重的研究背景；二是回顾与述评了国内外研究现状；三是阐释了本书的研究意义与主要理论基础；四是阐释了本书的研究内容、体系结构与研究方法等。

一、研究背景

自 20 世纪 90 年代中后期以来，我国劳动者报酬占 GDP 比重呈明显下降趋势，根据全国总工会提供的数据，我国居民劳动报酬的比重 1983 年为 56.5%，2005 年下降到 36.7%，下降了近 20 个百分点；1978~2005 年，资本报酬则上升了 20 个百分点。[①] 九三学社中央向全国政协十一届三次会议提交的书面发言数据显示，我国劳动者报酬占国民总收入的比重正在逐年下降，其比重从 1995 年的51.4% 下降到 2007 年的 39.7%，而发达国家劳动者报酬在国民收入中所占比重一般在 55% 以上；作为居民收入主要渠道的工资收入，在生产要素中的分配比例偏低，仅占企业运营成本的不到 10%，远低于发达国家的 50%。因为报酬引发的劳

---

① 参见 2010 年 5 月 12 日的《新京报》。

动争议案件，仅在 2008 年就增长了一倍多。① 而根据广东省提供的劳动者报酬比重数据，1978~1983 年在 60%以上；1984~1994 年在 50%~60%；1995~2003 年在 40%~50%；2004 年以来不足 40%。而笔者根据国家统计局历年中国统计年鉴的统计数据测算，我国劳动者报酬占 GDP 比重（1996~2010 年）大体呈下降趋势，具体表现为：1996 年，劳动者报酬占 GDP 比重为 53.40%，之后逐步下降到 2007 年的 39.74%，达到最低值，其后触底反弹，在 2009 年反弹到46.62%，随后在 2010 年又开始回落至 45.01%。② 从国际比较来看，发达国家和多数发展中国家的劳动收入占 GDP 的比重大致处在 55%~65%的水平，而中国的劳动收入份额仅高于拉美一些收入分配严重不均的国家。③ 可以看出，虽然各种研究结果在具体数据上存在差异，但我国劳动者报酬占 GDP 比重这些年来整体上呈逐步下降趋势已是一个不争的客观事实。

而我国劳动者报酬占 GDP 比重长期处于一种低水平状态并仍呈下滑趋势，非常不利于我国目前经济社会发展中遇到的亟待解决的一系列重大问题的有效解决。

第一，不利于拉动我国内需、实现经济"又好又快"发展。投资、消费、外贸出口是改革开放以来拉动我国经济发展的"三驾马车"，但是，由于消费乏力，我国经济出现了投资过热和进出口贸易比例严重失衡等弊端，这种弊端在目前尚未结束的后金融危机时代显得尤为突出。由于中低收入者的边际消费倾向高于高收入者，但中低收入者的财产性收入较少，④ 其最主要的收入来源是劳动报酬，我国扩大消费、拉动内需的潜力主要落在这些人身上。

第二，不利于我国有效解决和缓解日渐突出的劳资矛盾和"和谐社会"的建设，广大劳动者由于劳动者报酬占比低下而不能充分分享我国经济发展成果，其劳动积极性受到很大挫伤，进一步加剧了不断增多的劳资矛盾，给我国经济社会的"和谐"发展带来了很多消极的影响。

---

① 参见九三学社中央关于优化国民收入分配结构推动经济社会持续健康发展的建议，2010 年政协提案。

② 详见本书第二章。

③ 罗长远，张军. 劳动收入占比下降的经济学解释——基于中国省级面板数据的分析 [J]. 管理世界，2009 (5).

④ 这些年来，由于我国投资渠道非常有限，而资本市场投资环境恶劣，加上通货膨胀较严重导致银行存款长期处于实际负利率等原因，我国中低收入者的财产性收入缩水非常严重。

第三，不利于我国贫富差距的缩小和社会公平正义的彰显。保障广大劳动者的劳动报酬与我国经济发展水平同步增长，实现"共同富裕"是社会公平与正义的基本要求，如果我国经济的发展是以长期牺牲广大劳动者利益为代价，则势必导致两极分化而无法体现中国特色社会主义社会的公平正义，也无法体现我党"立党为公"、"执政为民"的执政理念。

第四，不利于劳动者素质的提高和经济发展方式的转变。劳动报酬在初次分配中的比重太低会使劳动者丧失许多技术培训和再教育的机会，进而导致劳动者素质的降低，最终对企业的经营、对经济社会的科学发展造成长期的难以弥补的负面效应。

劳动者报酬占 GDP 比重长期处于一种低水平状态并呈下滑趋势问题已引起中央的高度重视，党的十七大报告指出，要逐步提高居民收入在国民收入分配中的比重，提高劳动报酬在初次分配中的比重。提高这"两个比重"，关系国民经济发展全局，是解决当前经济社会生活中的突出矛盾和问题、促进科学发展和社会和谐的重大举措。党的十七届五中全会通过的公报中提出，"合理调整收入分配关系，努力提高居民收入在国民收入分配中的比重、劳动报酬在初次分配中的比重"。国务院政府工作报告也多次提到要"抓紧制定收入分配体制改革总体方案。努力提高居民收入在国民收入分配中的比重，提高劳动报酬在初次分配中的比重"。但改革开放以来，我国劳动者报酬占 GDP 比重长期处于一种低水平状态并仍呈下滑趋势的根源到底在哪，以及如何有效提高我国劳动报酬在初次分配中的比重，特别是从源头上有效地提高我国劳动报酬在初次分配中的比重就成了一个亟待解决的重要课题。

二、研究文献回顾与述评

在初次分配研究领域，国内外文献大致可分为两类：一类是在物质资本主导并独享企业剩余的传统范式下的分配研究；另一类是主张由人力资本与物质资本共同主导并分享企业剩余的范式下的分配研究。

（一）物质资本主导范式下的分配研究

在物质资本主导范式下的分配研究中，研究主要围绕五个主题来展开：

一是初次分配的原则；二是初次分配的具体内容与形式；三是初次分配中政府、资方和劳方的受益格局、格局效应及其成因，刘迎秋（1997）阐述了现存的收入分配制度的不合理性，例如，企业中存在严重的"脑体收入倒挂"现象，其特征是脑力劳动者的收入低于体力劳动者，高技术含量的劳动收入低于低技术含量的劳动收入，表现为两类劳动收入的倒置，同时还指出"脑体收入倒挂"的根本原因是对人力资本的重视不足；四是企业工资的决定机制；五是政府的责任及干预初次分配的方式与行为选择。针对这些问题，国内外学者进行了大量探讨并有着不同的理论主张和解释。

（二）人力资本与物质资本共同主导范式下的分配研究

研究主要集中在四个方向：

1. 从激励角度探讨了人力资本参与企业剩余分配的必要性

在国外，Alchian 与 Demseiz（1972）从企业团队生产的角度做了相关研究，提出了企业管理者应该拥有剩余索取权。Jensen 和 Heckling（1976）则从理论上研究了管理者参与收入分配的内在机制。Hart 和 Moore（1988）认为，剩余控制权应该给予对投资决策起重要作用的一方。Holmstrom 和 Tirole（1989）的研究认为所有权应该分配给那些难以估计贡献价值的投入要素。Stiglitz J.E.（1974）研究表明在产品是经理人和可观测规避风险的情况下，分成合约能够帮助解决这种代理问题。分成合约减少了委托代理带来的风险，相应地增加了代理人由于努力工作而得的报酬。20 世纪 80 年代，Stiglitz J.E.等又提出了"利益相关者理论"（Stakeholder Theory）。该理论认为，企业的目标应是企业价值最大化，不只是股东利益最大化，企业应通过有效的制度安排照顾所有"利益相关者"的利益，"利益相关者"理应分享企业剩余和控制权。企业相关利益者包括股东、债券持有者和贷款者等，如债权人、投资者、工人、经营者，有的甚至还包括地方权力部门和供应商、某些顾客等（Gorton 和 Schmid，2000）。"利益相关者"理论将经营者、工人等人力资本所有者作为企业控制者之一，但仅仅从利益分享的角度，没有突出人力资本的"产权"性质。在国内，周其仁（1996）分析了人力资本不同于物质资本的特征，如人力资本与其载体的不可分离性，人力资本只能激励而不能压榨等，并从人力资本的应用只可激励而无法压榨的前提出发，进一步论证认为，是企业的人力资本的存在才保证了企业的非人力资本的保值、增值和扩张。因此认为"企业是人力资本与非人力资本的一个特别合约"，企业的人力资本所有者也应该拥有企业所有权。聂辉华、杨瑞龙（2006）认为正是由于契约的不完全的存在，而当事人有可能面临被"敲竹杠"的风险而做出错误的决断，从而致使事前约定的最优契约失效。由于本来存在不确定性，因此允许人力资本分享企业剩余，使得人力资本与物质资本的目标一致，从而在一定程度上可以减少交易成本。

2. 从利润贡献和产权等角度探讨了人力资本参与企业剩余分配的理论依据

在国外，传统的经济理论认为经济增长必须依赖于物质资本和劳动力的增加，但 Theodore W. Schultz 认为，科研开发、知识、智慧投资理财、管理技术等人力资本的提高对经济增长的贡献远比物质资本、劳动力简单的数量增加重要许多。[①] 社会经济制度发展的最显著的特征就是人力资本的动态增长。他先后发表了《新出现的经济现象与高等教育的关系》、《人力资本的投资》、《由教育形成的资本》等一系列前瞻性与开创性的专著与论文，构建了人力资本理论体系，并成为"研究人力资本理论的先驱者"，并于 1979 年获得诺贝尔经济学奖。在 Theodore W. Schultz 之后，Edward Denlson 运用实证计量的方法证明了人力资本在经济增长中的作用。他最著名的研究成果是通过精细的分解计算，论证出美国 1929~1957 年的经济增长有 23% 归功于教育的发展，即对人力资本投资的积累。Jacob Mincer（1957，1974）用收益函数论述了收入的决定以及导致收入差别的原因和规律等问题。他认为，在经济增长过程中人力资本发挥了二重作用：其一，人力资本作为一种由教育和培训产生的技能存量，在生产总产出的过程中与物质资本相协调；其二，作为一种知识存量和创新源泉，人力资本是经济增长的一个基本动因。他研究认为，劳动者所接受的正规学校教育，以及在工作当中工作经验的积累等方面的人力资本的投资的差异是劳动者收入分配差异的决定因素。K. Arrow

---

① 舒尔茨. 论人力资本投资［M］. 吴珠华译. 北京：经济学院出版社，1992.

（1962）基于前人的研究提出了"干中学"的模型，此模型的特点在于其把劳动者获得知识的过程内生于模型，并依此推导出规模收益递增生产函数，认为规模收益递增的根源在于人力资本的外部效应。罗默在阿罗的基础之上又引入了知识要素，建立了知识推进模型，这一模型用来解释人力资本对经济增长的贡献更为合理。诺贝尔经济学奖得主库兹涅茨（Simon Kuznets）的研究证明了舒尔茨的论点，他通过长期的考察发现国民收入中由资产创造的贡献份额日趋下降，而劳动的贡献份额逐步提高。Robert Lucas（1988）的人力资本溢出模型是将人力资本作为独立因子纳入到经济增长模型，认为人力资本积累是促使经济增长的真正原因。随后，Danilo Guaitoi（2000）动态地分析了收入分配与内生经济增长的关系。Jean-Marie Viaene Itzhak Zilcha（2003）在研究收益分配与经济增长的关系中指出人力资本存量的不同是导致收益分配不平等的重要原因。在国内，我国学者蔡昉、王德文等利用回归计算，对物质资本、劳动力、人力资本和技术进步等在1982~1997年对中国经济增长贡献进行了实证研究，研究结果为：1982~1997年，中国经济增长主要源泉的贡献分别为物质资本（29.02%）、劳动力（23.71%）、人力资本（23.70%）、劳动力配置（20.23%）和技术进步（3.34%）。可见，人力资本确实对利润做出了重要贡献，从这个角度出发，人力资本参与利润分配具有较充足的理由。另外，方竹兰等学者从企业产权与风险角度进行了论证。张维迎（1996）认为只有物质资本的所有者才应该享有剩余索取权，劳动者只能拿工资。方竹兰（2002）针对张维迎的非人力资本所有者拥有企业所有权逻辑的主要论据（非人力资本所有者是企业风险真正承担者的命题）提出质疑。她认为，由于非人力资本社会表现形式的多样化趋势（实物型非人力资本形式——货币型非人力资本形式——信用型非人力资本形式）和证券化趋势（实物型直接投资为主——证券型间接投资为主），使得非人力资本所有者与企业的关系逐步弱化和间接化，而日益成为企业风险的逃避者。而因人力资本的专用性和团队化趋势，使得人力资本所有者与企业的关系逐步强化和直接化，从而日益成为企业风险的真正承担者。而杨瑞龙、周业安认为人力资本具有一定程度的可抵押性，之所以这样，其根本原因是人力资本与其所有者一定程度的可分离性，或人力资本产权行使的受限制性。李宝元（2001）在《人力资本产权安排与国有企业制度改革》一文中探讨了国有企业人力资本产权制度安排的根本问题，指出人力资本产权在企业所有权安排中具有一种特殊决定性的地位和作用，国有企业人力资产权制度安排的根本问题在于无视人力资本产权自主或决定属性，从而引发人力资本运营危机。文宗瑜（2001）探讨了人力资本产权的定价及其交易，指出货币资本与人力资本的结合形成了公司的法人财产，并实现了货币资本的保值增值，产权清晰到自然人，不仅要通过资产出售或转让的方式把实物资产产权清晰到拥有货币资本的自然人，而且还要通过依法量化人力资本，把人力资本产权清晰到拥有人力资本的自然人。赵雯（2002）研究了人力资本及其确认，并按"人力资本的价值取决于它所创造的超额利润（经济增加值）"的原则，探讨了人力资本的价值与价值计量问题。盖骁敏（2003）在《人力资本产权特征及其股权化实现》一文中指出，人力资本的产权特征决定了对人力资本进行激励的重要性。要实现人力资本产权，一方面要保障人力资本所有者拥有人力资本所有权和自由支配转让权；另一方面要使人力资本参与分享企业剩余。借鉴国外的雇员持股计划，人力资本持股是实现人力资本剩余分享，从而实现人力资本产权的可行方法，这实际上是企业人力资本股本化思路的另类表达。陈育琴（2003）在《人力资本股份化：现实中激励约束机制的次优选择》一文中指出，现有的股票期权制度虽然对激励约束经理人行为有一定的作用，但它也不是完全承认了人力资本，所以仍存在着一定的缺陷性，需要对其进一步改革创新，使其真正成为承认人力资本产权、人力资本股份化的一种方式，承认经理人的人力资本产权、人力资本股份化势在必行。另外，还有诸多其他学者，如盛乐（2005）、姚先国（2006）等也从利润贡献和产权等角度对人力资本参与企业剩余分配进行了深入探讨。

3. 人力资本投资与收入分配

Theodore W. Schultz（1961）从人力资本投资角度探讨了人力资本的计量，并提出了以投资额多少作为人力资本量的经典计量模型。Rosen（1977）从家庭背景、财务状况等方面入手，研究人力资本投资对收益分配情况的影响。Griliches（1977）的研究也证实了家庭背景、财务状况等因素对人力资本投资会产生较大的影响。另外，Williamson（1985）从人力资本的专用性角度研究了人力资本参与分配的问题。Yiming Qian（2003）阐述了激励措施应该针对个体，不同的人力资本类型应该采用不同的激励措施。Bo Hansson（2004）研究表明人力资本投资者很难预测未来的投资收益，那么对人力资本的量化就很难进行，没有一个固定的标准，因此在市场里给予人力资本投资者一个平均的回报是不公平的，这样就有可能产生对人力资本配置的不合理现象。Volker Grossmann（2008）

用美国的经验数据证明了人力资本收益的变化是经济发展的动力，而人力资本收益的变化主要来源于在人力资本投资的积累。

4. 人力资本参与企业剩余分配的条件和方式

冯子标等（2004）探讨了人力资本参与企业剩余分配的条件和方式。冯子标等研究认为，企业是人力资本与物质资本的合作契约，要素谈判力处于人力资本与物质资本博弈的核心地位。要素谈判力由要素的稀缺性、贡献、退出成本、承担风险能力和要素的禀赋决定。人力资本参与企业收益分配是人力资本谈判力提高的结果。根据影响人力资本谈判力的因素，人力资本参与企业收益分配的条件为：社会发展阶段、法律条件、企业所在行业性质、企业类型、企业发展阶段和企业治理结构。冯子标等研究认为，人力资本参与企业收益分配有广义和狭义之分。广义的人力资本收益是指人力资本所有者被雇用后所获得的报酬，包括基本工资、奖金、一般的福利等工资性收益和利润分享计划、股权分配、股票期权等分享利润性收益。狭义的人力资本收益是指人力资本以资本形态获得企业收益。它特指分享利润收益。周艳辉（2008）指出人力资本的产权特性以及运营绩效的特殊性决定着人力资本的谈判力，这些因素也是人力资本参与企业剩余分配的主要依据。

综合来看，国内外文献主要集中在传统范式下展开研究，对于新型分配范式研究虽已引起高度关注，但大多仍停留在人力资本参与企业剩余分配的必要性及理论依据论证层面上，亟待深化、系统化。从研究对象来看，国内外文献又主要集中在企业组织层面下展开劳资分配研究，很少从更高更广的产业组织层面来研究劳资分配。

笔者认为，立足于传统范式研究企业组织层面的劳资分配问题本身并无错误，并且在农业经济和工业经济时代还是非常合理的。但随着传统经济形态向现代经济形态的转变，以及产业分工的国际化、深入化和复杂化，再简单沿袭传统的劳资分配研究范式势必存在很大局限性，因为它忽视了最为根本的时代变化要求，忽视了经济全球化、产业价值网络化的大背景。具体就提高劳动所得比重的效果而言，传统的劳资分配范式研究也终究属于一种"治标"研究，因为简单地从企业组织层面来研究企业劳资分配问题，是只见树木不见森林，忽略了企业在所在产业链中不同位置往往直接决定了企业劳资的分配水平。特别是在物质资本主导并独享企业剩余的大前提下，劳动所得比重的提高带有资方的某种让利"施舍"性,"让利多少、让利多久甚至让利与否"全凭资方说了算。因此,当前从新型范式视角来扩展和深化劳资分配关系研究,抓住了新经济时代提高劳动所得比重的劳资分配问题实质。而本书拟从价值网络化角度立足于产业组织层面通过改变由物质资本单方主导的游戏规则让人力资本参与企业剩余分配,将从"源头"上可持续地提高劳动所得比重,是一种长效"治本"方式。

三、研 究 意 义

我国劳动所得比重一直处于较低水平,并且从 20 世纪 90 年代中期以后呈逐步下降趋势。对此,林毅夫(2008)尖锐指出,在国民收入分配中,资本所得不断上升,劳动所得不断下降,现在经济发展过程中出现的不少突出矛盾和问题都与此有关。在当前着力扩大内需的后危机时代,提高劳动所得比重更显现实必要性。新型范式立足于国际视野,探求我国提高劳动所得比重的真正源头所在,从"源头"上长效增加劳动所得,加大国民收入分配调整力度,从而调动劳动者积极性以及促进我国经济发展方式转变;可理顺企业劳资分配关系,从而减少劳资矛盾,促进"和谐企业"建设。

本书以新型范式视角下的企业劳资分配关系问题作为主要研究内容,研究成果将主要体现在三个方面:第一,进一步地从经济形态与资本形态的演进及其与企业分配制度范式关系角度论证了人力资本分享企业剩余的新型劳资分配机理,之前虽有众多学者从利润贡献、激励角度和产权角度进行了论证,但笔者认为,这些论证并没有抓住问题的实质,因为它无法解释利润贡献等因素在传统经济时代就一直客观存在的情况下,传统范式仍被长期奉为经典的事实。笔者认为,只有进而从经济形态与资本形态的演进关系角度来系统论证其理论依据才抓住了问题本质,因为新经济形态不但派生了人力资本这一新资本形态,而且还使其分享企业剩余的愿望日趋强烈。第二,考虑经济发展水平的严重不平衡以及分工结构的巨大差异性,率先从技术和制度上突破现有劳资分配研究的局限,建立起价值网络化产业组织三类企业劳资分配权威或主导分配范式的一般分析架构。第三,在经济全球化、产业价值网络化的大背景下,探求我国提高劳动所得比重的真正源头所在,并系统研究价值网络化产业组织三类企业内部的劳资分配机制(包括价值网络化产业组织三类企业劳资在分配中的身份、地位、收入模式、分配依据、分配顺序以及分配治理等），找出其内在规律，深入地研究人力资本参与企业剩余分配的基础理论与制度保障，最终从源头上坚实构建起新型劳资分配关系。

研究成果在理论上将推进企业理论和分配理论的完善和发展，在实践中将为我国企业实施新型范式变革及通过该变革理顺劳资分配关系、实现劳动所得比重的可持续动态均衡提高提供理论支持平台。这些研究成果不仅对企业界、行业协会有指导和启发作用，而且对宏观和中观决策层也具有参考价值。

四、理论基础

(一) 政府"DIM"产业组织分析范式理论

随着现代产业分工的精细化与企业间关系的网络化发展，产品之间的竞争已经由单个企业与单个企业之间的竞争转变为企业簇群与企业簇群之间的竞争。本书以基于产品价值网络的新型"DIM"产业组织分析范式为理论基础。

"DIM"产业组织分析范式由以李海舰等（2007）为主要代表的众多学者在整合、修正传统"SCP"分析框架的基础上所构建。"DIM"框架思想主要是在产品内分工的基础上，通过价值网络中虚拟资源的整合以实现产品价值的创造。产业价值网络组织具体包括规则设计商（Designer）、系统集成商（Integrator）和模块制造商（Module-maker）三类企业或战略联盟形态。规则设计商是价值网络化产业系统的规则或标准设计者，具体为整个模块体系提供一个旨在既保证模块间的独立性又保证功能一体化的框架性规则（兼容性标准），通常也是该框架性规则或标准的拥有者。系统集成商是价值网络化产业某个特定模块化最终产品生产系统的整合者，负责特定模块化系统的分解与整合。模块制造商是产业价值网络的基础单元，拥有非核心技术知识与生产要素，负责生产具体的模块，包括专用模块制造商和通用模块制造商两类。专用模块为某个系统集成商所特有，无法与其他系统集成商的界面标准相匹配；通用模块可与多个相似的界面标准对接，实现跨网络匹配。

（二）委托—代理理论

委托—代理理论是西方主流经济学理论，该理论认为，某一组织或个人（委托人）委托另一组织或个人（代理人）代表其行使某项工作或者职权时，委托人与代理人之间构成委托—代理关系，委托—代理关系实际上表现为一种契约。

该理论是伴随着企业所有权和经营权的分离逐步发展起来的。在传统的古典企业中，公司的所有权和控制权是合一的，出资者自己直接支配、管理和监督自己的资产，同时直接承担剩余风险，也就不存在委托—代理问题。随着资本的集中、技术的进步，企业的规模获得了巨大的发展，公司业务日趋复杂，股东也随之增加并日趋分散，股东直接参与管理的可能性也日益缩小。于是，公司中逐渐出现了所有权与经营权分离的倾向，委托—代理问题也就产生了。伯利（Berle）和米恩斯（Means）指出，到 20 世纪 20 年代末，经营者控制股份企业的财产经营已经成为一个普遍能观察到的事实，股份公司的发展已经实现了"所有与控制的分离"。现代公司的发展使它们从"所有者控制"变为"经营者控制"。[①]

委托—代理理论由威尔森（Wilson）、斯宾塞和泽克海森（Spence、Zeckhavser）、罗斯（Ross）、莫里斯（Mirrlees）、霍姆斯特姆（Holmstrom）、格罗斯曼和哈特（Grossman 和 Hart）等人创立。在委托代理理论的发展中，詹森（Jensen）和梅克林（Meckling）发表的《企业理论：经理行为、代理成本和所有权结构》是委托代理理论中的重要专著，阿尔钦（Alchian）和德姆塞茨（Demsetz）又发展了这一理论，可以说，这一理论在国外已逐步成熟。委托代理理论基本内容是通过委托人和代理人共同认可的契约（聘用合同）来确定他们各自的权利和责任，但实际上由于"经济人理性"的客观存在，委托人和代理人在决策和行为时首先考虑的往往是自己的利益最大化，加上由于委托人与代理人之间的信息不对称，其后果主要有两种：一是逆向选择，即在交易前，信息居于劣势的交易方不能正确地选择高质量的交易对方，发生类似"劣者驱逐良者"的现象；二是道德风险，即在交易发生后，有信息优势的代理人可能利用信息不对称而故意采取有利于自己而损害委托人利益的行为。后者一般是委托代理理论所研

---

① 伯利，米恩斯. 现代公司和私有产权（中译本）[M]. 台北：台湾银行出版社，1981.

究的内容，又称为"代理风险"。所以，委托—代理的核心问题是如何保证代理人的行为与委托人的利益最大限度的一致，最大限度地实现代理人与委托人两者之间的相容。亚当·斯密曾这样论述："在钱财的处理上，股份公司的董事为他人尽力，而私人合伙的伙员则纯粹是为自己打算。所以，要想让股份公司的董事监视钱财的用途，像私人合伙公司成员那样用意周到，那是很难做到的……"这位经济学的鼻祖所说的就是代理人与委托人两者之间的相容问题。

委托—代理理论在国外已逐步成熟，已成为分析契约关系的有力工具，本书在分析我国上市公司治理结构层次时将以之作为重要的分析工具。

（三）不完全契约理论

不完全契约是相对于完全契约而言的。所谓完全契约是最大可能地明确规定未来所有状态下契约签订双方的责任与权利，而且双方将来都不需要再对契约进行修正或重新协商。而不完全契约是指契约中包含缺陷和遗漏，可能不提及某些情况下各方的责任，而对另一些情况下的各方责任只作出粗略的或模棱两可的规定。

契约不完全产生的根本原因主要来自三个方面：第一个原因是契约双方的有限理性。由于受信息传递、认知能力、计算能力和人的心理因素等条件的限制，契约双方在复杂多变的不确定市场环境中，其行为理性是有限的，很难对长期内可能发生的各种情况都作出预测，即使人们能够预测到或然事件，也很难找到一种语言在契约里加以清晰的描述或进行全面的计划安排，所以签订契约时条款的遗漏将不可避免。第二个原因是第三者无法验证。契约规定的项目中，有一些内容是第三者无法验证的，即这些内容虽然对于契约双方都是清楚并明确规定的，但对于其他局外人则是无法体验和观察到的，所以在契约出现纠纷时，第三者（如法院）即使能够观察到双方的状况也很难对双方的实际状况加以证实，很难确定哪一方违约并按规定执行处罚等，造成了契约的不完全。第三个原因是信用制度的不完善。由于制度缺陷导致契约双方的行为难以得到约束，在某一方违约时而不承担相应的违约责任，造成契约的不完全。上述第一、第二两个原因导致的契约不完全是一般情况下普遍存在的，而信用制度不完善形成的契约不完全是一个比较特殊的情况，大多发生在经济发展中国家或经济转型国家。存在于市场信用过程中的契约不完全，一方面大大提高了发生契约纠纷的可能性和重新谈判（或缔约）的事后成本；另一方面，契约双方无法通过对契约的最优设计，形成有效的监督与约束机制以规范行为主体的信用行为，导致契约行为主体严重的逆向选择和道德风险行为。

对不完全契约理论作出重要贡献的学者有哈特、格罗斯曼、威廉姆森、克雷普斯等著名经济学家，他们分别从不同的角度论证了契约的不完全及其相机治理。经过这些经济学家们的仔细建模与严密论证，到今天不完全契约理论已成体系，不完全契约也成为人们解释经济现象的有力分析工具。本书在分析我国上市公司治理风险的根源时将以之作为重要的理论基础。

五、体系结构与研究内容

本书共分为十三章，其体系结构以及各章的主要研究内容为：

第一章为导论，阐述本书的研究背景、研究意义、研究内容和研究方法。

第二章为提高劳动所得比重的宏观源头分析，采用国家统计局历年来的统计年鉴数据对政府收入进行统计计算，然后在此基础上，从宏观源头上阐释我国自1996年以来，劳动所得比重呈逐年下降的政府收入影响原因。

第三章为人力资本分享企业剩余的新型劳资分配机理研究。首先梳理众多学者（包含笔者）的思想主张，系统地从利润贡献、激励角度和产权角度等传统理论角度进行的人力资本参与企业剩余分配的理论依据论证。然后在此基础上，进一步地从经济形态与分配制度范式的演进关系角度对人力资本参与企业剩余分配的机理进行深化研究。

第四章为价值网络化产业组织的新型劳资分配机制研究。鉴于价值网络化产业组织的主导形态是模块化契约网络组织，本章拟应用"DIM"框架思想对价值网络化产业组织的产业和企业两个层面的劳资分配展开系统深入研究，具体研究价值网络化产业组织三类企业劳资分配权威或主导分配范式的一般分析架构、三类企业的劳资分配机制（包括价值网络化产业组织三类企业劳资在分配中的身份、地位、收入模式、分配依据、分配顺序以及分配治理等）。

第五章为两权配置的演进与人力资本分享企业剩余实践。人力资本分享企剩余的实践是两权配置演进的必然分配表现，两权配置在本书中具体是指企业所有权与经营权的配置制度安排，所有权与经营权的制度安排问题是影响和决定企业制度范式的基础问题，两者配置是否科学合理直接影响企业的兴衰成败，也最终影响着人力资本分享参与企业剩余分配的实践。本章拟研究两个方面问题：其一是深入研究企业所有权与经营权配置安排的规律与哲理，厘清人力资本参与企业剩余分配的现代企业制度创新规律与发展方向；其二是按照所有权与经营权配置规律阐释人力资本参与企业剩余分配的若干实践形态。

第六章为劳动所得均衡比重的界定。由于物质资本的量化已较为成熟，本书拟将兼顾企业劳资利益的劳动所得均衡比重的科学界定问题转化为"总量人力资本计量和单个人力资本计量"问题。具体在分析经典人力资本理论有关人力资本量化模式的巨大缺陷的基础上，提出凭借市场机制来进行人力资本科学量化的新模式，并运用该模式对人力资本进行了虚拟案例量化。

第七章为人力资本股东收入模式的理论基础探究。拟延伸或扩展传统的物质资本保全理论将其外延拓展至包括人力资本在内的所有资本，然后借助马克思的劳动力再生产理论分析探究人力资本折旧及其量化问题，科学回答企业人力资本股东收入模式问题。

第八章为人力资本流动性及其股东有限责任研究。自由流动是资本的本质属性之一，而有限责任原则是现代股份制的一个重要基本特征，承担有限责任也是人力资本股东的基本义务与责任。本章拟研究人力资本流动性及人力资本股东有限责任两大问题。关于人力资本流动性问题，拟具体研究两种形式的企业人力资本流动：一是人力资本对企业的流入与流出；二是人力资本在企业内部的流动。关于人力资本股东有限责任问题，由于人力资本为一种无形资本，在财务上直接履行有限责任存在很大障碍，为克服障碍，本章拟分析和提出具体的制度安排。

第九章为人力资本出资企业的治理制度安排研究。不同的企业治理结构决定和保障着不同劳资分配范式。要保障人力资本与物质资本具有均等机会和同等权力分享企业剩余，就必须对传统治理制度体系进行重构。本章拟研究如下主要问题：一是对国内外大量企业治理研究文献综述进行系统回顾和梳理，掌握研究动态。二是从分析企业治理的本质入手，抓住企业治理本质要解决的三个核心基本问题：①企业利益主体的利益基点差异问题；②企业中的治理主体理性度不足问题；③治理主体之间的信息不对称问题，构建分析企业治理本质的一般理论框架。三是按照所建立的企业治理分析理论框架，对人力资本出资企业的治理问题进行系统深入研究，并在此基础上重构保障人力资本与物质资本具有均等机会和同等权利分享企业剩余的新型企业治理制度安排体系。

第十章为人力资本出资的会计制度安排研究。为保障人力资本与物质资本具有均等机会和同等权利分享企业剩余，本章拟进行人力资本出资的会计制度安排研究，拟首先从分析会计的本质入手，在资本结构的变迁分析的基础上构建会计制度体系的整体分析框架；然后在此基础上重构传统会计制度体系，具体从人力资本出资的投资会计制度安排、人力资本出资的企业经营活动会计制度安排和人力资本出资的企业会计报告制度安排三个方面进行重构。

第十一章为人力资本分享企业剩余的劳动分红案例研究。归纳起来，人力资本参与企业剩余分配主要有股权激励、动态股权制和人力资本入股三种形态。本章拟选择人力资本入股形态的劳动分红转股权实践模式，具体以联想股份有限公司作为个例，分析劳动分红转股权实践模式下人力资本参与企业剩余分配的劳资收益具体影响。

第十二章为人力资本分享企业剩余的股权激励案例研究。本章拟选择人力资本参与企业剩余分配的股权激励实践形态，具体以北京双鹭药业股份有限公司作为个例，通过解剖麻雀，分析股权激励实践形态下人力资本参与企业剩余分配的劳资收益具体影响。

第十三章为主要结论、研究创新、未竟领域和对策建议。本章是全书的总结，拟总结本书研究的主要结论，提炼主要创新点，指出今后深入研究的努力方向，并有针对性地提出某些对策建议。

六、研究方法

本书的研究方法主要有：①调查分析。实地调查有关企业，掌握提高劳动报酬在初次分配中比重的第一手资料。②比较分析。比较不同类型企业劳资分配范式，以及不同分配范式下企业劳资分配机制（包括三类企业劳资在分配中的身份、地位、收入模式、分配依据、分配顺序以及分配治理等）与体系的异同。③实证分析。在国家统计局统计年鉴数据以及进行案例调查的数据基础上，运用评价理论与技术：第一，实际测算近 20 年来我国劳动者报酬占 GDP 比重，找出有关变化规律；第二，测算不同实践形态下人力资本参与企业剩余分配的劳资收益具体影响。

第二章　提高劳动所得比重的宏观源头分析

    初次分配中参与分配的主体主要包括政府、资方和劳方三方，其中，政府参与企业增加值分配的方式主要是通过征税来实现，当然还有一些非税收收费，如政府规费、土地出让金等。宏观层面上，政府、资方和劳方三方的分配所得之和大体相当于所在国家或地区的 GDP。虽然，政府、资方和劳方三方在分配所得绝对值上完全可以实现共同增加（当然，增加额并不一定相等，可多可少），在绝对值上，任何一方的所得增加并不一定必然导致其他主体分配所得出现负数或负增长。但是，在分配比重上，完全受"此消彼长"规律所制约，任何一方的所得增速超过（低于）GDP 增长率，必然至少导致其他一方的所得比重降低（超过）现有分配格局。本章采用国家统计局历年来的统计年鉴数据对政府收入进行统计计算，然后在此基础上，从宏观源头上阐释我国自 1996 年以来，劳动所得比重呈逐年下降的政府收入影响原因。

一、全国劳动所得占 GDP 比重统计（1996~2010 年）

（一）工资总额占 GDP 比重情况（1996~2010 年）

    工资总额指各单位在一定时期内直接支付给本单位全部就业人员的劳动报酬总额。按照国家统计局统计年鉴定义，工资总额的计算原则以直接支付给就业人员的全部劳动报酬为依据。各单位支付给就业人员的劳动报酬以及其他依据有关规定支付的工资，不论是计入成本的还是不计入成本的；不论是按国家规定列入计征奖金税项目的，还是未列入计征奖金税项目的；不论是以货币形式支付的，还是以实物形式支付的，均包括在工资总额内。由于国家统计局统计年鉴只公布了城镇单位工资总额数据，而没有直接公布全国劳动报酬总额统计数据，考虑到全国城镇单位在岗职工的工资总额虽然不能与全国劳动报酬画等号，但仍然能够整体发现劳动所得占 GDP 比重的整体变化趋势。笔者此处利用国家统计局统计年鉴现有数据计算了全国城镇单位工资总额占 GDP 的比重，计算结果详见表 2-1：

表 2-1　全国城镇单位工资总额及其占 GDP 比重（1996~2010 年）

年　份	工资总额（亿元）	全国 GDP（亿元）	工资总额/GDP 比例（%）
1996	9249.4	71176.59	13.00
1997	9602.4	78973.03	12.16
1998	9540.2	84402.28	11.30
1999	10155.9	89677.05	11.32
2000	10954.7	99214.55	11.04
2001	12205.4	109655.2	11.13
2002	13638.1	120332.7	11.33
2003	15329.6	135822.8	11.29
2004	17615	159878.3	11.02
2005	20627.1	184937.4	11.15
2006	24262.32	216314.4	11.22
2007	29471.51	265810.3	11.09
2008	35289.5	314045.4	11.24
2009	40288.16	340902.8	11.82
2010	47269.89	401202	11.78

为使全国城镇单位工资总额占 GDP 比例计算结果更加直观，笔者将其绘制了折线图，详见图 2-1：

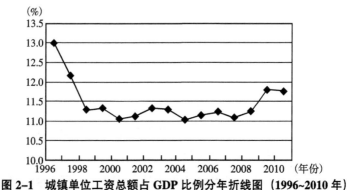

图 2-1　城镇单位工资总额占 GDP 比例分年折线图（1996~2010 年）

从图 2-1 可以看出，我国城镇单位工资总额占 GDP 比重的整体趋势是，从 1996 年的 13% 逐步下降到 2007 年的 11.09%，其后在 2008 年小幅反弹，在 2009 年达到 11.82%，随后又开始回落。城镇单位在岗职工的工资总额虽然不能与全国劳动报酬画等号，但仍然能够整体发现劳动所得占 GDP 比重的整体变化趋势。但该统计方法的局限性也是非常明显的。因为该统计方法使用的工资总额只是城镇单位在岗职工的工资总额，而城镇单位在岗职工仅仅是城乡全部职工中的一部分，有相当部分职工及其得到的工资收入并没有包括进来，如乡镇集体企业职工、城乡私营企业职工、城乡个体工商户雇工和进入城镇工作的农民工等。他们的工资水平虽然较低，但由于人数众多，工资总额的规模仍然很大。因此，如果简单地以城镇单位工资总额替代劳动报酬，虽然能大体反映变化趋势，但在绝对数值上将不可避免地出现很大偏差。

（二）劳动者报酬占 GDP 比重情况（1996~2010 年）

国家统计局统计年鉴虽没有直接公布统一的全国劳动报酬总额历年统计数据，但公布了利用收入法统计的各省、直辖市、自治区历年的地区生产总值。[①] 比如，查阅 2011 年统计年鉴，不难得到 2010 年收入法视角下的各省、直辖市、自治区的地区生产总值原始统计数据表（详见表 2-2）：

表 2-2 2010 年各省、直辖市、自治区的地区生产总值

单位：亿元

地　区	地区生产总值	劳动者报酬	生产税净额	固定资产折旧	营业盈余
北京	14113.58	6919.99	2197.19	1925.96	3070.44
天津	9224.46	3556.17	1402.91	1155.18	3110.2
河北	20394.26	11280.6	2487.22	2342.65	4283.79
山西	9200.86	3638.33	1502.52	1245.86	2814.15
内蒙古	11672	5086.28	1560.3	1416.21	3574.21
辽宁	18457.27	8982.04	3096.3	2685.24	3693.69
吉林	8667.58	3370.41	1337.77	1467.62	2491.78
黑龙江	10368.6	3823.13	1665.41	1274.49	3605.57

① 此节的 GDP 为各省、直辖市、自治区的地区生产值总和，而本书其他章节的 GDP 为全国统一的 GDP 数据。理论上，各省、直辖市、自治区的地区生产总值之和等于全国 GDP，但实际上，此处因各种现实原因两者并不相等。

续表

地　区	地区生产总值	劳动者报酬	生产税净额	固定资产折旧	营业盈余
上海	17165.98	6742.05	3298.73	2275.95	4849.25
江苏	41425.48	17141.63	6278.34	5483.65	12521.86
浙江	27722.31	10788.87	4274.03	3316.63	9342.78
安徽	12359.33	6058.54	1779.83	1405.25	3115.7
福建	14737.12	7400.03	1867.67	1562.99	3906.43
江西	9451.26	4258.71	1616.83	1183.45	2392.27
山东	39169.92	15457.01	6274.22	5384.36	12054.33
河南	23092.36	11503.22	3071.13	2867.95	5650.06
湖北	15967.61	6827.85	2284.9	2237.63	4617.23
湖南	16037.96	8040.19	2553.68	1701.5	3742.59
广东	46013.06	20452.36	6841.07	6159.34	12560.29
广西	9569.85	5682.23	1237.65	1248.21	1401.76
海南	2064.5	1039.62	341.65	331.81	351.42
重庆	7925.58	3901.69	1183.97	850.58	1989.34
四川	17185.48	8089.35	2684.5	2212.51	4199.12
贵州	4602.16	2444.38	698.54	655.93	803.32
云南	7224.18	3344.07	1499.72	907.75	1472.64
西藏	507.46	325.38	37.64	73.13	71.31
陕西	10123.48	4028.24	1695.8	1125.97	3273.47
甘肃	4120.75	2145.94	666.78	622.36	685.67
青海	1350.43	635.34	197.71	199.8	317.58
宁夏	1689.65	921.35	183.49	231.41	353.4
新疆	5437.47	2829.07	791.23	676.21	1140.96
总计	437042	196714.1	66608.73	56227.58	117456.6

　　由表 2-2 可计算出，2010 年我国劳动者报酬占 GDP 比重为 45.01%；同理，我们可分别计算出其他各年的劳动者报酬占 GDP 比重（详见表 2-3）：①

表 2-3　全国劳动者报酬占 GDP 比重（1996~2010 年）

年份	劳动者报酬/GDP 比例（%）	生产税净额/GDP 比例（%）	固定资产折旧/GDP 比例（%）	营业盈余/GDP 比例（%）
1996	53.40	12.57	12.80	21.23
1997	52.79	13.16	13.63	20.42
1998	53.14	13.40	14.47	18.99

---

　　① 由于国家统计局在 2004 年和 2008 年两次经济普查以后，对 2004 年和 2008 年数据进行了重大调整，统计年鉴缺失这两年的用收入法统计的省、直辖市、自治区的地区生产总值数据。

续表

年份	劳动者报酬/GDP 比例 (%)	生产税净额/GDP 比例 (%)	固定资产折旧/GDP 比例 (%)	营业盈余/GDP 比例 (%)
1999	52.38	13.54	15.07	19.01
2000	51.38	14.16	15.40	19.06
2001	51.45	14.08	15.72	18.76
2002	50.92	14.04	15.67	19.36
2003	49.62	14.29	15.90	20.19
2005	41.40	14.12	14.93	29.56
2006	40.61	14.16	14.56	30.67
2007	39.74	14.81	14.16	31.29
2009	46.62	15.20	13.51	24.67
2010	45.01	15.24	12.87	26.88

为直观形象起见，笔者将上述全国劳动者报酬占 GDP 比例（1996~2010 年）计算结果绘制了折线图，详见图 2-2：

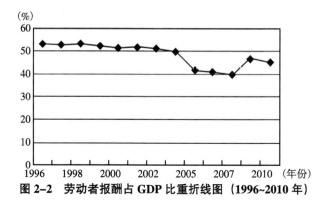

图 2-2 劳动者报酬占 GDP 比重折线图（1996~2010 年）

从图 2-2 可以看出，我国劳动者报酬占 GDP 比重的整体趋势是，从 1996 年的 53.40%逐步下降到 2007 年的 39.74%，达到最低值。其后触底反弹，在 2009 年达到 46.62%，随后在 2010 年又开始回落至 45.01%。这一变化趋势确实与城镇单位工资总额占 GDP 比重走势相同。

二、全国 GDP 统计描述（1996~2010 年）

查阅 1997~2011 年的历年中国统计年鉴，经简单计算后可得到全国 GDP 及其增速表（1996~2010 年）（详见表 2-4）：

表 2-4　全国 GDP 及其增速（1996~2010 年）

年　份	全国 GDP（亿元）	全国 GDP 增速（%）
1996	71176.59	17.1
1997	78973.03	11.0
1998	84402.28	6.9
1999	89677.05	6.2
2000	99214.55	10.6
2001	109655.20	10.5
2002	120332.70	9.7
2003	135822.80	12.9
2004	159878.30	17.7
2005	184937.40	15.7
2006	216314.40	17.0
2007	265810.30	22.9
2008	314045.40	18.1
2009	340902.80	8.6
2010	401202.00	17.7

宏观层面上，政府、资方和劳方三方的分配所得之和大体相当于所在国家或地区的 GDP，也就是说，GDP 是政府、资方和劳方三方每年分配的蛋糕总量。从表 2-4 可以看出，自 1996 年以来，我国 GDP 整体上是快速增长的。[①] 宏观上，为各利益主体的分配奠定了坚实的财富基础。

---

① 表 2-4 及本章以下各表、图，都是笔者根据所查阅国家统计局 2011 年统计年鉴数据整理而成，以下不另作说明。该系列数据可能与各年度政府当年所公布数据不尽相同，笔者认为，这可能与该期间曾有过几次全国范围内的经济普查而进行事后统计数据重大调整不无关系。

三、政府收入统计描述（1996~2010 年）

政府收入是政府参与社会产品分配所取得的收入，是实现国家职能的财力保证，具体指国家财政收入，主要包括：①各项税收：目前在我国主要包括国内增值税、国内消费税、进口货物增值税和消费税、出口货物退增值税和消费税、营业税、企业所得税、个人所得税、资源税、城市维护建设税、房产税、印花税、城镇土地使用税、土地增值税、车船税、船舶吨税、车辆购置税、关税、耕地占用税、契税、烟叶税等。②非税收入：包括专项收入、行政事业性收费、罚没收入和其他收入。①

（一）政府财政收入情况（1996~2010 年）

查阅 1997~2011 年的历年中国统计年鉴，经简单计算后可得到全国财政收入及其增速表（1996~2010 年）（详见表 2-5）：

表 2-5　全国财政收入及其增速（1996~2010 年）

年　份	全国财政收入（亿元）	增长速度（%）
1996	7407.99	18.7
1997	8651.14	16.8
1998	9875.95	14.2
1999	11444.08	15.9
2000	13395.23	17.0
2001	16386.04	22.3
2002	18903.64	15.4
2003	21715.25	14.9
2004	26396.47	21.6
2005	31649.29	19.9
2006	38760.20	22.5

---

① 此处关于财政收入的范围为国家统计局统计年鉴所定义的口径，实际上财政收入在我国还包括占相当比重的非预算内收入（如各级政府土地出让金等）以及国内外债务收入等。限于预算外财政收入难以找到准确数据，本书只好退而求其次采用国家统计局统计年鉴数据。

续表

年　份	全国财政收入（亿元）	增长速度（%）
2007	51321.78	32.4
2008	61330.35	19.5
2009	68518.30	11.7
2010	83101.51	21.3

　　从表 2-5 可以看出，1996~2010 年，全国财政收入每年都以两位数的增长速度增长，其中 2007 年财政收入增长速度最高，增速达到 32.4%；2009 年财政收入增长速度最低，增速为 11.7%，这可能是遭受世界金融危机影响的缘故。

（二）政府税收收入情况（1996~2010 年）

　　查阅 1997~2011 年的历年中国统计年鉴，经简单计算后可得到全国税收收入及其增速表（1996~2010 年）（详见表 2-6）：

表 2-6　全国税收收入及其增速（1996~2010 年）

年　份	全国税收（亿元）	税收增速（%）
1996	6909.8	14.4
1997	8234.0	19.2
1998	9262.8	12.5
1999	10682.6	15.3
2000	12581.5	17.8
2001	15301.4	21.6
2002	17636.5	15.3
2003	20017.3	13.5
2004	24165.7	20.7
2005	28778.5	19.1
2006	34804.4	20.9
2007	45622.0	31.1
2008	54223.8	18.9
2009	59521.6	9.8
2010	73210.8	23.0

　　从表 2-6 可以看出，1996~2010 年，全国税收收入除 2009 年受世界金融危机的影响，其增长速度为 9.8% 外，其他各年的增长速度都非常高，其中 2007 年

税收收入增长速度最高，增速达到 31.1%。

四、政府收入与 GDP 对比情况分析（1996~2010 年）

（一）政府收入与 GDP 增速对比情况（1996~2010 年）

1. 财政收入与 GDP 增速对比情况（1996~2010 年）

在表 2-4 和表 2-5 的基础上，经进一步计算后可得到全国财政收入与 GDP 增速对比表（1996~2010 年）（详见表 2-7）：

表 2-7　全国财政收入与 GDP 增速对比（1996~2010 年）

年份	全国 GDP 增速（%）	财政收入增速（%）	增速差（%） （财政收入增速-GDP 增速）
1996	17.1	18.7	1.6
1997	11.0	16.8	5.8
1998	6.9	14.2	7.3
1999	6.2	15.9	9.7
2000	10.6	17.0	6.4
2001	10.5	22.3	11.8
2002	9.7	15.4	5.7
2003	12.9	14.9	2.0
2004	17.7	21.6	3.9
2005	15.7	19.9	4.2
2006	17.0	22.5	5.5
2007	22.9	32.4	9.5
2008	18.1	19.5	1.4
2009	8.6	11.7	3.1
2010	17.7	21.3	3.6

为直观形象起见，笔者将上述全国财政收入与 GDP（1996~2010 年）增速对比结果绘制了折线图，详见图 2-3：

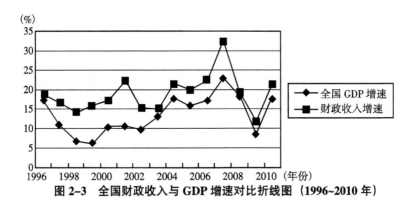

图 2-3 全国财政收入与 GDP 增速对比折线图（1996~2010 年）

从图 2-3 可以看出，1996~2010 年，全国财政收入除绝对增速非常高之外，其相对于 GDP 增速的相对速度也非常高，每年都超过了 GDP 增速。

2. 税收收入与 GDP 增速对比情况（1996~2010 年）

在表 2-4 和表 2-6 的基础上，经简单计算后可得到全国税收收入与 GDP 增速对比表（1996~2010 年）（详见表 2-8）：

表 2-8　全国税收收入与 GDP 增速对比（1996~2010 年）

年　份	全国 GDP 增速（%）	税收增速（%）	增速差（%） （税收增速-GDP 增速）
1996	17.1	14.4	-2.7
1997	11.0	19.2	8.2
1998	6.9	12.5	5.6
1999	6.2	15.3	9.1
2000	10.6	17.8	7.2
2001	10.5	21.6	11.1
2002	9.7	15.3	5.6
2003	12.9	13.5	0.6
2004	17.7	20.7	3.0
2005	15.7	19.1	3.4
2006	17.0	20.9	3.9
2007	22.9	31.1	8.2
2008	18.1	18.9	0.8
2009	8.6	9.8	1.2
2010	17.7	23.0	5.3

为直观形象起见，笔者进一步将上述全国税收收入与 GDP 增速对比结果（1996~2010 年）绘制了折线图，详见图 2-4：

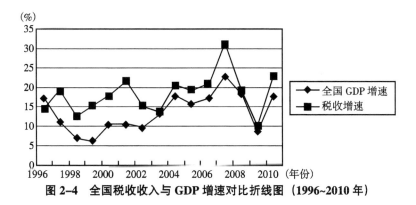

图 2-4　全国税收收入与 GDP 增速对比折线图（1996~2010 年）

从图 2-4 可以看出，1996~2010 年，全国税收收入绝对增长速度非常高，除 2009 年由于受国外金融危机的影响，其增速为 9.8%，其余年份都以二位数增长。并且，全国税收收入相对于 GDP 的相对速度也非常高，除 1996 年略低于 GDP 增速外，自 1996 年之后，每年都超过了 GDP 增速。

（二）政府参与 GDP 分配比例情况（1996~2010 年）

1. 政府以财政收入形式参与 GDP 分配情况（1996~2010 年）

查阅 1997~2011 年的历年中国统计年鉴，经计算后可得到政府以财政收入形式参与 GDP 分配比重表（1996~2010 年）（详见表 2-9）：

表 2-9　政府以财政收入形式参与 GDP 分配比重变化（1996~2010 年）

年　份	全国财政收入（亿元）	全国 GDP（亿元）	财政收入/GDP 比例（%）
1996	7407.99	71176.59	10.4
1997	8651.14	78973.03	11.0
1998	9875.95	84402.28	11.7
1999	11444.08	89677.05	12.8
2000	13395.23	99214.55	13.5
2001	16386.04	109655.20	14.9
2002	18903.64	120332.70	15.7
2003	21715.25	135822.80	16.0
2004	26396.47	159878.30	16.5
2005	31649.29	184937.40	17.1
2006	38760.20	216314.40	17.9
2007	51321.78	265810.30	19.3

续表

年　份	全国财政收入（亿元）	全国GDP（亿元）	财政收入/GDP比例（%）
2008	61330.35	314045.4	19.5
2009	68518.30	340902.8	20.1
2010	83101.51	401202.0	20.7

为直观形象起见，笔者进一步将以财政收入形式参与GDP分配比重计算结果绘制了折线图（1996~2010年），详见图2-5：

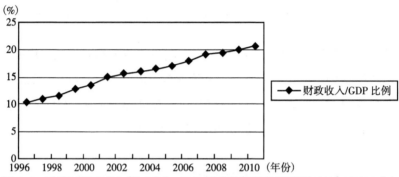

图2-5　政府以财政收入形式参与GDP分配比重变化折线图（1996~2010年）

从图2-5可以看出，1996~2010年，我国政府以财政收入形式参与GDP分配比重每年都处于递增状态。

2. 政府以税收收入形式参与GDP分配收入情况（1996~2010年）

查阅1997~2011年的历年中国统计年鉴，经计算后可得到政府以税收收入形式参与GDP分配比重表（1996~2010年）（详见表2-10）：

表2-10　政府以税收收入形式参与GDP分配比重变化（1996~2010年）

年　份	全国税收（亿元）	全国GDP（亿元）	税收/GDP比例（%）
1996	6909.8	71176.59	9.7
1997	8234.0	78973.03	10.4
1998	9262.8	84402.28	11.0
1999	10682.6	89677.05	11.9
2000	12581.5	99214.55	12.7
2001	15301.4	109655.2	14.0
2002	17636.5	120332.7	14.7
2003	20017.3	135822.8	14.7
2004	24165.7	159878.3	15.1
2005	28778.5	184937.4	15.6

续表

年 份	全国税收（亿元）	全国 GDP（亿元）	税收/GDP 比例（%）
2006	34804.4	216314.4	16.1
2007	45622.0	265810.3	17.2
2008	54223.8	314045.4	17.3
2009	59521.6	340902.8	17.5
2010	73210.8	401202.0	18.2

为直观形象起见，笔者进一步将以税收收入形式参与 GDP 分配比重计算结果绘制了折线图，详见图 2-6：

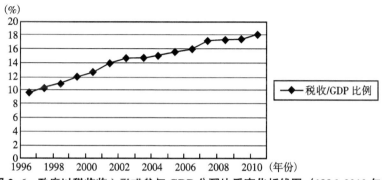

图 2-6 政府以税收收入形式参与 GDP 分配比重变化折线图（1996~2010 年）

从图 2-6 可以看出，1996~2010 年，我国政府以税收收入形式参与 GDP 分配比重每年都处于递增状态。

五、劳动所得比重下降的宏观源头阐释

我国劳动所得比重一直处于较低水平，并且从 20 世纪 90 年代中期以后呈逐步下降趋势，而与此形成鲜明对照的是，1996~2010 年这 15 年期间，财政收入自 1996 年伊始，其增速持续远超 GDP 增长率，而全国税收收入自 1997 年伊始，其增速持续远超 GDP 增长率，导致政府收入占 GDP 的比重自 1996 年伊始节节攀升，并且这种趋势还在延续。虽然形成这种格局的原因是多方面的，但也不能不表明，我国劳动所得比重的持续下降与政府所得比重的持续上升有着很大的关系，说得更直接一点，政府收入的提高，相当程度上是以劳动者的低收入为代价

的。从一定意义上也说明，1996~2010 年的中国经济增长是以劳动者的相对收入下降作为代价的。

理论上，初次分配中参与分配的主体主要包括政府、资方和劳方三方，其中，政府参与企业增加值分配的方式主要是通过征税来实现。宏观层面上，政府、资方和劳方三方的分配所得之和大体相当于所在国家或地区的 GDP。虽然，政府、资方和劳方三方在分配所得绝对值上完全可以实现共同增加（当然，增加额并不一定相等，可多可少），在绝对值上，任何一方的所得增加并不一定必然导致其他主体分配所得出现负数或负增长。但是，在分配比重上，完全受"此消彼长"规律所制约，任何一方的所得增速超过（低于）GDP 增长率，必然至少导致其他两方的所得比重降低（提高）的现有分配格局。在我国现阶段，政府、资方和劳方三方分享 GDP 的分配话语权或分配权威整体上是不对等的，其中，政府处于最强势地位，资方次之，而劳方处于最弱势地位。政府征税后，虽然可通过转移支付等方式一定程度上改善劳动报酬比重偏低问题，但也必然存在效率"损耗"。因此，要提高劳动报酬在初次分配中的比重，宏观层面上，存在一个不可忽略的"源头"，即政府的广义税收增速必须有效控制在 GDP 增长率之内，上限与 GDP 增长率同步。

第三章　人力资本分享企业剩余的新型劳资分配机理研究

本章首先梳理众多学者（包括笔者）的思想主张，系统地从利润贡献、激励角度和产权角度等传统理论角度进行人力资本参与企业剩余分配的理论依据论证。然后在此基础上，进一步地从经济形态与分配制度范式的演进关系角度对人力资本参与企业剩余分配的机理进行了深化研究。

一、人力资本参与企业剩余分配的传统理论依据研究

（一）企业契约与产权角度的理论依据研究

由科斯开创的企业理论被称为"企业的契约理论"，企业的契约理论认为，企业是一系列不完备契约的组合。由于进入企业的契约不完备，加上未来世界是不确定的，所以理论上说，在进行企业剩余索取权制度设计时，不可能使企业的所有成员都得到固定的契约收入（因为 n 个常数之和不可能等于一个变数），但是，使企业的部分或全部成员都得到非固定契约收入（即拥有企业剩余索取权）是完全可实现的（因为常数与变数之和以及变数与变数之和仍然为一变数）。其中，使企业的部分成员得到非固定契约收入即"物质资本所有者拥有企业剩余索取权，而人力资本所有者拥有固定的合同收入"这种模式，是现今流行的传统模式；使企业的全部成员都得到非固定契约收入即"物质资本所有者和人力资本所有者都拥有企业剩余索取权"这种模式，是本书探讨的人力资本入股的制度创新模式。由此可见，人力资本入股并不违反企业剩余索取权制度设计的基本原理，

理论上具有可行性。

企业是一个"契约联合体",是由两个和两个以上要素所有者通过产权交易来合作利用各自资源的一种团队生产方式。这说明至少要有两个或两个以上的契约当事人方可组成企业,周其仁具体将企业要素分为人力资本和非人力资本两种类型,并且简单地将企业概括为人力资本和非人力资本所有者的一个特别合约。由此可见,企业不但需要非人力资本,也需要人力资本,因此,具体说企业所有权归哪一方是片面的,企业所有权归人力资本与非人力资本所有者共同所有具有其合理性。

从法理上说,参与缔结企业契约的每位当事人都是独立的、平等的产权主体,没有产权的主体是无权签约的。这一点意味着,明确的产权是企业存在的前提,没有个人对财产(包括物质资本和人力资本)的所有权,就不可能有真正意义上的企业(张维迎,1996)。而人力资本具有一种独一无二的所有权,它天然地归属于个人,它的所有权限于体现它的人,按市场公平的原则,各方契约当事人都有权从未来交易中获取自己的产权收益,各利益主体的获利机会应该是均等的。因而,人力资本所有者在让渡自己的产权后有权获得收益。

(二)利润贡献源泉角度的理论依据研究

企业契约理论和人力资本产权理论从制度安排上可解释人力资本参与收益分配的客观必要性。而从利润的贡献来源角度可考察人力资本参与收益分配理由的充分性。

在利润的贡献来源上,存在生产要素论和劳动价值论两大理论体系的不同观点:①生产要素论认为各种生产要素共同创造了价值,而劳动是众多生产要素中的一种。其中,英国经济学家威廉·配第早在17世纪末就认为"劳动是财富之父,土地是财富之母",将劳动和土地看作财富和价值的两个基本要素;亚当·斯密在《国富论》中认为,劳动力是经济进步的主要力量,全体国民后天取得的有用力量都应视为资本的一部分。他将商品的真实价格分为工资、利润和地租三个组成部分。19世纪初,法国经济学家让·萨伊进一步明确提出了价值源泉的"土地、劳动和资本"三要素论;马歇尔把让·萨伊的价值源泉的三要素扩充为四要素,即劳动、资本、土地和组织(企业家才能)。1986年,罗默提出了"生产四要素"理论，认为经济的长期增长取决于资本、非技术劳动力、人力资本（可按受教育时间的长短衡量）和新思想（可按专利数量衡量）。②马克思的劳动价值论将劳动作为价值的唯一源泉，将人作为财富的唯一创造者，认为物质资本仅仅是进行生产的必要条件，而全部的新价值都是劳动创造的，剩余价值的唯一来源是劳动。由此可见，生产要素论和劳动价值论两大理论体系虽然在价值源泉的具体观点上存在分歧，但都无一例外地肯定了人力资本（包括劳动、非技术劳动力、企业家才能等形式）所做的重要贡献。

　　自 20 世纪 60 年代西奥多·W.舒尔茨第一次正式提出人力资本概念以来，国外众多经济学家和学者实证研究了经济增长的来源，实证结果表明，人力资本确实对经济增长做出了重要贡献。我国学者蔡昉、王德文等利用回归计算，对物质资本、劳动力、人力资本和技术进步等在 1982~1997 年对中国经济增长贡献进行了实证研究，研究结果为：1982~1997 年，中国经济增长主要源泉的贡献分别为物质资本（29.02%）、劳动力（23.71%）、人力资本（23.70%）、劳动力配置（20.23%）和技术进步（3.34%）。可见，人力资本确实对利润做出了重要贡献，从这个角度出发，人力资本参与利润分配具有较充足的理由。

（三）企业风险承担角度的理论依据研究

　　关于人力资本能否承担企业风险问题，我国学术界存在两种截然不同的观点，反对者认为，由于物质资本与其所有者的可分离性，使物质资本一旦投入企业，就变成了一种抵押品，物质资本所有者难以退出企业，认为"跑得了和尚跑不了庙"，因此，物质资本是"天生"的风险承担者，而人力资本与其所有者的不可分离性，意味着人力资本不具有抵押功能，不能被其他成员当"人质"，可以随意退出企业，逃避风险，因此，只有物质资本的所有者才应该享有剩余索取权，劳动者只能拿工资（张维迎，1996）。而杨瑞龙、周业安和方竹兰对张维迎的观点提出了异议。杨瑞龙、周业安认为人力资本具有一定程度的可抵押性，其根本原因是人力资本与其所有者一定程度的可分离性，或人力资本产权行使的受限制性。方竹兰批评了张维迎在研究中的自然主义的分析方法，指出，如果用社会历史的分析方法观察现实生活，我们就会发现，由于非人力资本社会表现形式的多样化和证券化趋势，使非人力资本所有者日益成为企业风险的规避者，而人力资本的专用性和团队化趋势使人力资本所有者日益成为企业风险的真正承担者。

实际上，由于人力资本与所有者具有不可分离性、专用性和团队性特点，人力资本实质上是用其未来收益甚至个人人身自由做抵押，使人力资本具有很强的抵押性，在这一点上，笔者非常认同杨瑞龙、周业安和方竹兰的观点。因此，人力资本所有者与物质资本所有者共同享有剩余索取权无可厚非。但是，必须指出，是否承担风险和是否具有可抵押性实际上是两个不同性质的问题。人力资本是否承担风险实质上是指当企业经营不善，如严重亏损或破产清算时，人力资本所有者是否像物质资本所有者一样承担企业有限责任或损失。而人力资本是否具有可抵押性是指当企业经营不善时，人力资本是否可以随意退出企业的问题。所以，必须承认，人力资本具有抵押性并不表明人力资本能承担企业有限责任或损失。正因为于此，笔者将在本书的第八章专门探讨人力资本承担有限责任的制度安排问题。

（四）人力资本激励角度的理论依据研究

人力资本与其所有者（即人力资本载体，这个载体是人，且是活生生的自然人）天然不可分割，一旦这种联系遭到损坏或干扰，人力资本可能立即贬值或荡然无存，这是从对人的行为分析中得出的经济意义延伸结果。从而，人力资本具有"伸缩"性，就是说同一个人在相同的时间里，由于所处环境和受到的激励不同，其所具有的人力资本亦会相去甚远。当人力资本所有者受到的正激励越大时，人力资本亦愈大。当受到负激励时，劳动者就会采取"帮倒忙"的相应措施予以反抗，而管理者往往难以观察或无可奈何。所以，周其仁指出，人力资本天然属于个人的特性决定了它的运用只可"激励"而无法"榨取"。从而，人力资本的"伸缩"性及其监督难题要求人们在进行组织制度设计时，人力资本所有者应拥有企业剩余索取权。在工业经济时代，物质资本所有者独享企业利润有其合理性，但在知识经济已经到来的 21 世纪，人力资本在经济发展中的主导作用不断凸显，如仍然将人力资本所有者的剩余索取权排除在外，其局限性不言而喻。

二、人力资本参与企业剩余分配的理论依据深化研究

前文是笔者梳理众多学者（包括笔者）的思想主张，系统地从利润贡献、激励角度和产权角度等经典理论角度进行的人力资本参与企业剩余分配的理论依据论证，但笔者认为，这些论证并没有抓住问题的实质，因为它无法解释利润贡献等因素在传统经济时代就一直客观存在的情况下，物质资本主导并独享企业剩余的传统范式仍被长期奉为经典的事实。笔者进一步认为，只有进而从经济形态与分配制度范式的演进关系角度来论证其理论依据才抓住了问题本质，因为新经济形态不但派生了人力资本这一新资本形态，而且还使其分享企业剩余的愿望日趋强烈。

（一）经济形态与企业分配制度范式的演进关系

马克思曾指出"社会经济形态的发展是一个自然历史过程"。[①] 可以看出社会的发展是在矛盾的推动下连续的过程，人力资本与物质资本的关系是众多矛盾中最基本的矛盾，矛盾是事物发展的源泉和动力。所以，企业分配制度范式的发展本质上是一个不断解决矛盾特别是解决主要矛盾的动态演进过程。

人力资本与物质资本的相互作用关系推动了经济形态的演变，使得经济形态经历了农业经济时代、工业经济时代以及知识经济时代。企业总是处在多重矛盾之中，有的为主要矛盾，有的为次要矛盾，而主次矛盾在不同经济形态时期存在很大差异，有时甚至截然相反。

在农业经济时代以及工业经济时代初期，这是一个短缺的经济时代，企业外部存在严重的短缺矛盾，而企业内部虽然可以形成强有力的产权激励和约束，但受业主个人能力和私人资本规模制约，不可避免地存在生产能力不足的矛盾。随着第一次工业革命的兴起，这种矛盾日趋尖锐。因此，在这一时期，企业分配制度范式的主要作用是为解决企业生产能力的不足提供基础保障，从而催生和强化

---

① 马克思. 资本论（第 1 卷）[M]. 北京：人民出版社，1975：688.

了物质资本主导并独享企业剩余的分配范式。当然，这种分配范式在为公司"躯体"快速膨胀提供有力支撑、有效解决企业生产能力不足的同时，也让由企业家们所构成的管理层这个"大脑"的发育受到了抑制，这时企业内部也就产生了以企业家们为代表的人力资本所有者积极性不足的矛盾。但在短缺经济时代，主要矛盾是企业生产能力不足的矛盾，由于物质资本的稀缺性和使用上的实际排他性，使得物质资本相对于其他生产要素处于绝对的优势地位，以企业家为代表的人力资本所有者被迫接受物质资本所有者的雇佣，其积极性的不足表现为一种次要矛盾。随着后工业经济时代特别是信息经济时代的到来，短缺经济转变为了相对过剩经济，资本市场的高度发达使货币资金充裕或过剩而闲置，其作用相对下降，矛盾的格局发生了改变，以企业家为代表的人力资本所有者积极性的不足上升为主要矛盾，而生产能力不足的矛盾则转变为因产品需求严重不足而过剩的矛盾。利润也沿着价值链发生了根本转移，其主要表现为五个方面：①利润从产品的制造环节转向销售环节；②利润从产品的销售环节转向消费环节；③利润从价值链的中间环节分别转向上、下游环节；④利润从产品的内在环节转向外围环节；⑤利润从产品的实体环节转向虚拟环节（李海舰、原磊，2005）。有研究表明，在目前世界产业价值链中，产品设计、原料采购、物流运输、订单处理、批发经营、终端零售六大环节创造出的盈余多达90%，而加工制造创造出的盈余不足10%（郎咸平，2008）。

在这种新情况下，以往建立在规模经济基础上的价格策略已经不能在竞争中取胜，消费者需求呈现多元化与个性化趋势，只有通过需求创造，大量地、高层次地运用先进科技知识去创造新产品和新产业，才能刺激消费者潜在的消费欲望，增加购买。这样，企业要想在日趋激烈的市场竞争中取胜就必须拥有需求创造的优势。而以企业家为代表的人力资本所有者是创新的组织者和推动者，成为需求创造的原动力，有一种精神的力量，推动、实现生产要素"新组合"，即技术创新和制度创新。具体包括引进新产品、引进新技术、开辟新市场、控制原材料的新供应来源、实现企业的新组织等方面（刘茂松、陈素琼，2005）。可见，过去是物质资本统治人力资本，现在是人力资本牵引物质资本。在人力资本取代物质资本成为企业关键资本的背景下，公司最需要的是以企业家为代表的能够创新性地组合生产要素的高素质人力资本所有者，正是在这种人力资本处于相对主动和有利地位的背景下，企业家的人力资本在企业经营中的作用不断增强和与物质资本稀缺性的转化，经营者越来越不甘心接受支薪者的地位。任何企业如果再忽视人力资本积极性的调动，势必在新经济中败下阵来。可见，新经济形态不但派生了人力资本这一新资本形态，而且还使其分享企业剩余的愿望日趋强烈。

从历史发展的角度来看，收入分配范式经历了传统的物质资本主导并独享企业剩余的范式和当今出现的人力资本与物质资本共同主导并分享企业剩余的新型范式。然而我们可以预料新型范式并非收入分配制度的终结，随着经济的高速发展，未来的某一阶段当物质资本不再稀缺甚至过剩而人力资本成为最为稀缺资源的时候，那么收入分配就很可能演进为人力资本主导并独享企业剩余的范式。

为了方便研究，我们假定企业的物质资本提供者全部为物质资本股东，那么对于人力资本所有者和物质资本所有者而言，收入由两部分组成：固定收入和浮动收入。其中固定收入包括人力资本所有者的工资性报酬和物质资本所有者的资本利息，浮动收入包括物质资本所有者获取的企业利润和人力资本所有者获取的企业利润。

如果我们将企业中的物质资本所有者和人力资本所有者作为研究对象，研究固定收入和浮动收入的不同组合给其带来的效用。可以肯定的是两者对固定收入和浮动收入的偏好程度是不同的，于是我们可以借用无差异曲线的三个基本假定，即两者对两种收入形式偏好的完全性、传递性、非饱和性，在二维坐标系中创建以固定收入和浮动收入为坐标的效用函数，如下：

$$U = f\ (X_1,\ X_2) \tag{3-1}$$

其中，X_1 和 X_2 分别为两种收入形式的数量，U 为效用水平。在此基础上，与无差异曲线相对应的效用函数为：

$$U = f\ (X_1,\ X_2) = U^0 \tag{3-2}$$

其中，U^0 为一个常数，表示一个不变的效用水平。

根据西方经济学家的观点，在两种商品的替代过程中，存在着商品的边际替代率递减规律。具体地说，商品的边际替代率递减规律是指，在维持效用水平不变的前提下，随着一种商品的消费数量的连续增加，消费者为得到每一单位的这种商品所需要放弃的另一种商品的消费数量是递减的。产生这种现象的原因是伴随着一种商品的消费数量的增加，消费者对于这种商品需求的愿望就会递减，因此，为了多获取一单位的这种商品而愿意放弃的另一种商品的数量就会逐渐减少。从几何意义上讲，商品的边际替代率就是无差异曲线斜率的绝对值。可以推断，无差异曲线斜率的绝对值应该是递减的，即无差异曲线是凸向原点的，距离原点越远效用水平越高。因此，物质资本所有者和人力资本所有者对两种收入形式的效用曲线应当是凸向原点的曲线，设 O 为原点，水平方向为浮动收入，垂直方向为固定收入，那么效用曲线如图 3-1 所示。

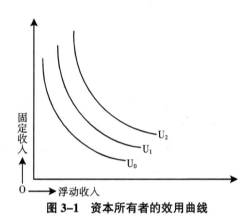

图 3-1　资本所有者的效用曲线

三条效用曲线代表三种不同的效用水平，其中 $U_0 < U_1 < U_2$，同一条效用曲线上任意点的效用是相同的，即同一条曲线上任意点代表的浮动收入和固定收入的组合带来的效用是相同的。

结合人力资本所有者和物质资本所有者的分配情况，我们可构建埃奇沃思盒式图，设 O_A 点为人力资本所有者的原点，从 O_A 点水平向右为人力资本所有者的浮动收入，垂直向上为固定收入；O_B 点为物质资本所有者的原点，从 O_B 点水平向左为物质资本所有者的浮动收入，垂直向下为固定收入。那么对于人力资本所有者而言，浮动收入就是分享企业利润的部分，固定收入就是工资性报酬。对于物质资本所有者而言，浮动收入也是分享企业利润的部分，固定收入是资本的利息。我们假定某一阶段，企业用于支付人力资本所有者的工资和物质资本所有者的利息的固定支出为 100%，如果人力资本占有 q%，那么物质资本占有（1-q）%；假定某一阶段企业用于分配的利润为 100%，如果人力资本占有 p%，那么物质资本占有（1-p）%。因此，埃奇沃思盒式图中的任意一点代表某一时期企业分配的状况，且人力资本所有者固定收入的比例 + 物质资本所有者固定收入的比例 = 100%；人力资本所有者浮动收入的比例 + 物质资本所有者浮动收入的比例 = 100%。

（二）企业分配制度范式的三种演进形态分析

1. 物质资本主导并独享企业剩余的分配范式

物质资本所有者主导并独享企业剩余的范式下，对物质资本所有者来说，占有全部的浮动收入即企业剩余。而对人力资本所有者来说，收入全部由固定收入组成，没有浮动收入，因此，在此阶段，人力资本不参与企业剩余的分配，由物质资本所有者独享企业剩余。那么表示在图中，企业的分配情况为 Y 轴上独立的点，如图 3-2 所示的 a 点。

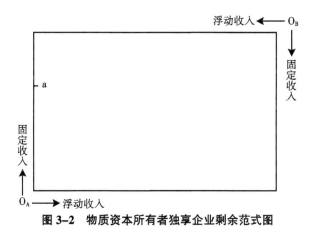

图 3-2 物质资本所有者独享企业剩余范式图

物质资本主导并独享企业剩余范式的应用条件需要满足四个条件：①在整个社会中物质资本为稀缺资源；②物质资本所有者对企业的贡献大；③物质资本所有者的退出成本高；④在企业中，物质资本所有者承担主要的风险。

2. 人力资本与物质资本共同主导并分享企业剩余的分配范式

人力资本所有者与物质资本所有者共同主导并分享企业剩余的范式下，允许人力资本所有者参与企业剩余的分配，人力资本也成为企业的所有者，有利于发挥人力资本的潜能，为企业创造更多的价值。设 a 点为物质资本所有者主导时的效用点，由于效用曲线是连续的，那么对于物质资本所有者来说，必然有一条经过 a 点的效用曲线 II_B，同样对于人力资本所有者来说，也必然存在一条经过 a 点的效用曲线 I_A，取 II_B 上任意点 b，存在一条 II_A 的效用曲线与之在 b 点相切。

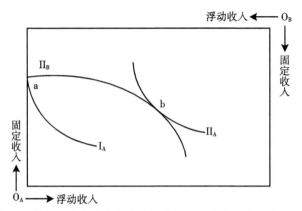

图 3-3 物质资本所有者与人力资本所有者共享企业剩余范式图

由图 3-3 可以看出，在由 a 点向 b 点移动的过程中，人力资本逐渐放弃一定的固定收入来换取浮动收入，根据边际替代率递减规律，对于人力资本所有者来说，浮动收入对固定收入的边际替代率是递减的，也就是说人力资本不会无限制地放弃固定收入来获取浮动收入，放弃的固定收入是有一定的限制的，因为要保留相当的一部分来满足自身和家庭生存以及教育的需要。从 a 点变动到 b 点，人力资本所有者的效用水平从无差异曲线 I_A 提高到了 II_A（a 点位于 I_A 曲线上），而物质资本所有者的效用水平并未发生变化。因此，从 a 点到 b 点是帕累托改进，b 点是帕累托最优状态。由此可以看出，从传统的物质资本所有者独享企业剩余到物质资本所有者和人力资本所有者共享企业剩余是帕累托改进，实施的阻力也比较小，但前提条件是人力资本为企业创造了更多的价值。

人力资本所有者与物质资本所有者共同主导并分享企业剩余的分配范式应用条件为以下几点：①比起物质资本，人力资本更为稀缺；②人力资本所有者对企业的贡献较大；③人力资本所有者的退出成本较高；④人力资本所有者和物质资本所有者共同承担企业的经营风险。

3. 人力资本所有者主导并独享企业剩余的分配范式

从历史发展的角度来看，b 点虽然达到了均衡状态，实现了帕累托最优，但是随着经济的持续发展，未来的某一阶段当物质资本不再稀缺甚至过剩，而人力资本成为最为稀缺的资源的时候，分配范式就有可能演进为人力资本所有者主导并独享企业剩余，而物质资本所有者只获取资本利息。此时的分配情况为 Y 轴上独立的点，我们假定效用函数是连续的，那么存在一点 c，位于物质资本所有者

的无差异曲线 I_B 与 Y 轴的交点，那么过点 c 也必然存在一条人力资本的效用曲线 III_A。

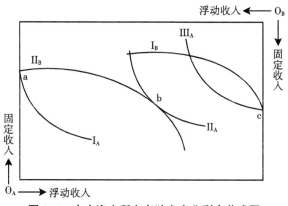

图 3-4　人力资本所有者独享企业剩余范式图

由图 3-4 可以看出，从 b 到 c 的过程显然不是帕累托改进，因为虽然人力资本所有者的效用水平从 II_A 提高到 III_A，但是物质资本所有者的效用水平却从 II_B 降低到了 I_B，人力资本所有者的效用提高的同时却损害了物质资本所有者的利益。因此从人力资本所有者与物质资本所有者共同主导并分享企业剩余的范式转变到人力资本所有者主导并独享企业剩余的范式不是帕累托改进，而是一种博弈，实施的阻力是比较大的，主要来自于物质资本所有者的"路径依赖"。

人力资本所有者主导并独享企业剩余的分配范式应用条件为以下几点：①物质资本不再稀缺甚至过剩，人力资本成为稀缺资源；②人力资本所有者对企业的贡献大，起着不可替代的作用；③人力资本所有者的退出成本高；④在企业中，人力资本所有者承担主要的风险。

第四章 价值网络化产业组织的新型劳资分配机制研究

价值网络化产业组织的主导形态是模块化契约网络组织。对于模块化网络产业组织，李海舰等学者（2007）在整合、修正传统"SCP"分析框架的基础上，构建了令人信服的"DIM"分析框架。应用"DIM"框架思想，笔者认为，价值网络化产业组织具体包括模块制造商、系统集成商和规则设计商三类组织形态。笔者认为，价值网络化产业组织的劳资分配是对税后增加值（即税后 V + M 部分）的分配，具体分为两个层面：其一是劳资作为一个整体（法人形式出现）以中间产品件工契约方式所进行的产业组织层面的分配，劳资群体的分配受益格局是按模块制造商、系统集成商和规则设计商依次显著递增；其二是劳资在产业组织层面的分配基础上所进行的企业层面的分配。本章分析指出，三类企业的劳资分配范式分属于三种不同范式：模块制造商——物质资本主导的分配范式，系统集成商——人力资本与物质资本共同主导的分配范式，规则设计商——人力资本主导的分配范式。三类企业劳资在分配中的身份、地位、收入模式、分配依据、分配顺序以及分配治理等都存在很大的不同，本章也对它们进行了较系统的研究。

一、价值网络化产业在产业组织层面的劳资分配

（一）价值网络化产业组织的主流形态是模块化网络组织

随着产业分工的深入化和复杂化，国际分工格局的重心已经从产业间分工、产业内分工过渡到了产品内分工。在以物质资本为主导的传统产业，分工主要是

纵向分工，产业组织形式呈现纵向一体化形态。而整体上以人力资本为主导的价值网络化产业，其分工的重心主要为横向分工，横向分工本质上是知识资本异质化条件下的知识分工，产业组织形式呈现模块化网络化形态。模块化网络化是指把一系统（包括产品、组织和过程等）进行模块分解与模块集中的动态整合过程。模块生产网络通过公司间、地域间可编码信息的交流、传递把分散在全球各地的节点整合为一个有机的整体（Sturgeon，2002），可以实现价值网络化产业组织产品内分工与价值网络的结合。鲍德温和克拉克（Baldwin 和 Clark，2000）认为新经济时代就是"模块化时代"。青木昌彦（2003）也曾指出，模块化是新经济条件下产业结构的本质。显然，随着产品或产品体系设计、研发、生产的模块化和组织形式的模块化以及大量面向外部供应商的外包子系统的出现，模块化生产网络必将成为我国价值网络化产业有机融入全球价值链分工体系的高效新型的主流产业组织模式。

对于模块化网络产业组织，李海舰等学者（2007）在整合、修正传统"SCP"分析框架的基础上，构建了令人信服的"DIM"分析框架。应用"DIM"框架思想，价值网络化产业组织具体包括规则设计商（Designer）、系统集成商（Integrator）和模块制造商（Module-maker）三类企业或战略联盟形态（为分析方便，本书全部假定为企业形态）。规则设计商是价值网络化产业系统的规则或标准设计者，具体为整个模块体系提供一个旨在既保证模块间的独立性又保证功能一体化的框架性规则（兼容性标准），通常也是该框架性规则或标准的拥有者。系统集成商是价值网络化产业某个特定模块化最终产品生产系统的整合者，负责特定模块化系统的分解与整合。模块制造商是价值网络化产业价值网络的基础单元，拥有非核心技术知识与生产要素，负责生产具体的模块，包括专用模块制造商和通用模块制造商两类。专用模块为某个系统集成商所特有，无法与其他系统集成商的界面标准相匹配；通用模块可与多个相似的界面标准对接，实现跨网络匹配。

（二）产业组织层面的劳资群体分配分析

1. 产业组织层面劳资分配的形式、对象与方式

出于社会化大生产的必然要求，劳资在价值网络化产业组织层面的分配必然是劳资作为一个个不同群体，以模块制造商、系统集成商和规则设计商等企业形

式参与价值分配。这里的价值，笔者认为是整个产业的税后增加值，即税后 V＋M 部分。从契约的角度来看，模块化网络组织是一个"契约联合体"，本质上是一个中间产品分工契约网络（曹虹剑等，2010），劳资群体在价值网络化产业组织层面的分配方式是中间产品分工契约方式。契约制度的核心理念是当事人法律地位的平等和契约自由，缔结契约的当事人地位是平等的，其行为是自愿的，但法律并不规定当事人谈判力必须平等，它造成了谈判过程中当事人之间的外在差异，而这一外在差异又会制约当事人的策略选择。当一个百万富翁雇佣一名保姆时，双方的谈判力之悬殊，使得保姆只能成为价格接受者，而富翁自然是价格决定者（杨瑞龙、周业安，1998）。实际中，由于规则设计商、系统集成商和模块制造商的谈判能力强弱存在很大差异，中间产品分工契约方式带来的必然不会是价值网络化产业价值的平均分配。

2. 不同产业环节形成不同的劳资群体分配水平

模块制造商是以实体为基础的"躯体"企业，负责生产价值网络化产业具体的模块，从事的是加工制造环节。系统集成商是以实体与知识相结合为基础的"小脑袋"企业，从事的是加工制造以外的研究开发、展览营销和营运管理产业价值链环节，具体通过制定适当的任务结构与"界面规则"，整合价值网络化产业某个特定模块化最终产品生产系统；而规则设计商是以知识为基础的"大脑袋"企业，专门从事价值网络化产业整个模块系统的规则或标准设计。规则或标准的设计是价值网络化产业价值链的最高环节，谁的标准为世界所认同，谁就会引领整个产业的发展潮流。根据产业价值链的一般游戏规则我们不难发现，规则设计商从事的是价值网络化产业高端环节，分配规则是：高投入，高风险，高回报；系统集成商从事的是价值网络化产业中端环节，分配规则是：中投入，中风险，中回报；而模块制造商从事的是价值网络化产业低端环节，分配规则是：低投入，低风险，低回报。郎咸平（2008）曾研究表明，在目前世界产业价值链中，产品设计、原料采购、物流运输、订单处理、批发经营、终端零售六大环节创造出的盈余多达 90%，而加工制造创造出的盈余不足 10%。正所谓"一流企业做标准、二流企业做品牌与技术、三流企业做产品"。

3. 不同资源位导致不同的劳资群体分配水平

根据系统经济学的资源位理论（昝廷全，2005），资源可分为硬资源和软资源两大类。硬资源是指在一定的技术、经济和社会条件下能够被人类用来维持生态平衡、从事生产和社会活动并能形成产品和服务的有形物质。显然，诸如厂房、设备、资金、土地、原材料等物质资本要素属于硬资源范畴。软资源是指以人类的智能为基础的资源，诸如知识、技术、组织、网络、商誉、品牌、信息、网络和社会资本等。从资源的整合结构来看，模块制造商主要是硬资源和硬资源的整合，整合范围限于模块制造商的自身边界，经济效益的获取几乎全部依赖硬资源，而硬资源是有限的。所以，模块制造商所处的资源位是企业层次的，提高经济效益受到硬资源的约束，利益的获取满足边际效用递减定律。因而在价值网络化产业组织中的获益份额最低，远不及规则设计商，也不及系统整合商，其分配规则是：低资源位，低风险，低回报；系统集成商主要是硬资源和软资源的整合，整合范围为价值网络化产业某个特定模块化最终产品生产系统，处于中级资源位，分配规则是：中资源位，中风险，中回报；而规则设计商是软资源和软资源的整合，整合范围扩展到整个价值网络化产业。由于标准化的界面，规则设计商很少受到资源整合空间的束缚，只要愿意，完全可使模块化网络组织形成超空间的全球布局——全球价值网络。规则设计商获取经济效益主要依赖软资源，而软资源不仅是无限的，而且其价值随着使用者的增加而增加（因为软资源可创造软资源，根据梅特卡夫法则，网络的价值与用户的平方成正比），适用边际效用递增定律。处于所在价值网络化产业的产业层次的最高级资源位，分配规则是：高资源位，高风险，高回报。

二、价值网络化产业企业层面的劳资分配主导范式分析

（一）企业劳资分配范式分析架构的建立

企业分配控制权或分配权威决定劳资分配的范式，因而要分析分配范式就必须科学界定分配权威。分配权威的界定有两条思路：其一是从价值贡献度视角正向确定企业分配权威因子，但由于企业的团队生产性质，贡献度往往难以准确界定；其二是依据收益和风险成正比原理，从分配主体所承担风险或损失视角反向

确定分配权威因子。企业的生命力来自于企业内部成员主体之间的合作，从长期来看，有效率的企业组织必然是一种责、权、利对等的分配制度安排结构。

对于企业内部权威因子如何界定和配置，赵农（2004）曾沿着第二条思路进行了深入探究，并在忽略不计人力资本沉没成本的条件下，得出了"资本雇佣劳动"的企业权威配置论断。对此，刘茂松（2005）等学者认为，人力资本的沉没成本是不能抽象掉的，权威关系并不必然是"资本雇佣劳动"。笔者认为，上述权威关系的研究结论在其假设条件下都是成立的，但由于经济发展水平的严重不平衡以及分工结构的巨大差异性，上述研究也都一定程度存在一般性解析缺失的局限性。人力资本与物质资本存在资本共性，对于人力资本所有者的可能风险不是简单忽略或不忽略沉没成本的问题，而是应与物质资本一样，通盘考虑人力资本所有者可能遭受的三部分损失（沉没成本、折旧损失、机会成本）因素才能找到企业分配权威关系配置的一般性规律。

设 c^{ck}、c^{hk} 分别代表物质资本所有者和人力资本所有者损失，$c^{csk}(x)$、$c^{hsk}(x)$ 分别为物质资本和人力资本沉没成本分布函数，$k^c(x)$、$k^h(x)$ 分别为物质资本和人力资本投资分布函数，$r^{cd}(x)$、$r^{hd}(x)$ 分别为物质资本和人力资本折旧率分布函数，$r^c(x)$、$r^h(x)$ 分别为物质资本和人力资本投资收益率分布函数，则有：

$$c^{ck} = \int_0^t c^{csk}(x)\,dx + \int_0^t (k^c(x) - c^{csk}(x))\,r^{cd}\,dx + \int_0^t k^c(x)r^c(x)\,dx \quad (0 < t < T)$$

$$(4-1)$$

$$c^{hk} = \int_0^t c^{hsk}(x)\,dx + \int_0^t (k^h(x) - c^{hsk}(x))\,r^{hd}(x)\,dx + \int_0^t k^h(x)r^h(x)\,dx \quad (0 < t < T)$$

$$(4-2)$$

式（4-1）、式（4-2）右边的第一、二、三项分别构成人力资本所有者和物质资本所有者的沉没成本、折旧损失和机会成本。不管是人力资本所有者还是物质资本所有者，其手中的三部分损失及承担损失风险的能力成为取得企业分配权威的根本性条件。当事人按照各自意愿权衡自身的得失，通过博弈谈判达成某种一致合约（赵农，2004）：一部分要素提供者承担经营结果的不确定性，向其他要素提供者支付较为稳定的回报，但要求其他要素提供者接受他们在企业内的分配权威。由此可建立起企业劳资分配权威或主导分配范式的一般分析架构。

（二）模块制造商劳资分配范式的分析

1. 沉没成本的比较分析

沉没成本是指一旦投资就不能通过资产的转移或挪作他用而得以补偿或挽回的损失，资产的专用性越强，沉没成本越高。普通人力资本所有者拥有的大多是通用知识，一有"风吹草动"容易通过另谋他就而减少（甚至可忽略不计）人力资产沉淀，而关键人力资本所有者的知识专用性通常是较强的，存在较大的人力资产沉淀。由于模块制造商人力资本结构以普通人力资本占绝对比重，其全部人力资本沉没成本往往是较少的。而模块制造商从事模块特别是专用模块生产需要投入较多的专用设备、厂房，其物质资产的专用性比较强，形成较多沉没成本。显然，模块制造商的物质资本沉没成本整体上要远大于人力资本。

2. 折旧损失及机会成本的比较分析

模块制造商普通人力资本所有者的初始人力资本投资少，其知识更新速度慢，从而后续人力资本投入也较少，因此，其可能遭受的折旧损失较少。由于知识"含金量"较低，模块制造商普通人力资本所有者离职另谋他就的机会收入无论在哪里都是不多的；对于关键人力资本，其所有者的折旧损失及机会成本较普通人力资本大，但由于在人力资本结构所占比重非常小的缘故导致模块制造商人力资本的整体折旧损失及机会成本是不高的。由于规模经济的需要，模块制造商物质资本的初始及后续投资较为巨大，因而，模块制造商物质资本的折旧损失与机会成本整体上要远大于人力资本。

模块制造商组建时劳资地位平等，各自手中拥有权威因子，谁都不能对他人行使权威。企业组建后，出于自身得失的权衡考虑，劳资主体会就各自手中拥有的权威因子进行博弈谈判。资方由于可能遭受的三部分损失要远远大于劳方，资方愿意承担企业可能盈利也可能遭受失败风险意愿要远大于后者，就必然出价购买劳方的分配权威，给予劳方固定的合约工资，并且物质资本所有者是能够事先支付有足够购买权威的财富，不存在财富约束的问题，而劳方由于承担企业失败风险意愿不是很强烈，即使有意愿也受到购买权威的财富制约。因此，模块制造商的劳资分配范式是一种物质资本主导的"资本雇佣劳动"分配范式。

（三）系统集成商劳资分配范式的分析

1. 沉没成本的比较分析

价值网络化产业系统集成商中，关键人力资本的比重大幅提升，人力资本的专用性整体明显提高，人力资本特别是关键人力资本所有者某一项知识或技能只能用于特定的生产或服务，一旦人力资本所有者离开这一特定的行业进入新的行业的时候，这项知识或技能就可能无"用武之地"或将大幅贬值。其沉没成本大幅增加。对于物质资本，其资产专用性同样是很强的，虽然可以通过柔性生产、敏捷制造与虚拟组织等方式一定程度上减少和转移沉没成本（刘茂松、曹虹剑，2004），但最终所形成的沉没成本仍然是很大的。

2. 折旧损失及机会成本的比较分析

笔者认为，系统集成商的普通人力资本折旧损失及机会成本是较少的，这一点与模块制造商相同，不同的是普通人力资本在人力资本结构所占比重大幅下降。而关键人力资本资产专有性更高，知识更新速度更快，并且在人力资本结构中所占比重大幅上升。因此，系统集成商的整体人力资本折旧损失及机会成本大幅提高。而由于规模经济以及范围经济的需要，初始及后续的物质资本投入非常巨大，虽然随着短缺经济向相对过剩经济的转变，物质资本利润率有所下降，但物质资本的折旧损失及机会成本总量仍是非常大的。

可见，对于价值网络化产业系统集成商，劳资双方可能遭受的三部分损失之和都是很大的、都是时间的函数，在某一时点上，孰多孰少很难做出明显判断，因此，劳资双方手中拥有的权威都是事先不能简单定价的。在这种情况下，系统集成商权威关系的形成依赖于两者的谈判能力与财富约束。劳资双方的谈判能力也难以像模块制造商一样呈一边倒状态，并且占很大比重的关键人力资本所有者的融资能力也大为提高，可以筹集到一定资金打破某些财富约束。因此，最终的平衡状态是劳资双方共同拥有分配权威，形成由人力资本与物质资本共同主导的劳资分配范式。

(四) 规则设计商劳资分配范式的分析

1. 沉没成本的比较分析

对于规则设计商，人力资本结构以关键人力资本占绝对比重，劳动的形态主要体现为一种智能型劳动，劳动者拥有的多为专有技术知识，其人力资本的初始及后续投资极大，并且一旦锁定就很难挪作他用。而随着生产资料市场、债券市场、股票市场等非人力资本形式运作的市场体系日益完善，使得物质资本所有者与企业的关系逐渐弱化与间接化，物资资本所有者能很方便地逃离企业，逃避风险（方竹兰，1997），从而在规则设计商中，人力资本投资形成的沉没成本要远大于物质资本。

2. 折旧损失及机会成本的比较分析

对于规则设计商人力资本所有者，专有知识在知识结构中占绝对比重，知识"含金量"很高，从而人力资本的初始投资非常巨大。并且由于知识越先进，知识更新速度就越快，为维持规则设计商的核心竞争力，人力资本须要不断地花费金钱、时间和精力去探索和更新知识，也许还没用多久没有把花费的成本补偿回来就"过时"了。规则设计商的核心竞争力在"人"而不是"物"，相对于人力资本，物质资本的折旧损失是显著下降的。在规则设计商中，钱不是问题，曾经稀缺的物质资本变得非常充裕甚至过剩从而导致投资收益率下降，物质资本的机会成本减少已成为必然趋势。

可见，对于价值网络化产业规则设计商，劳资双方可能遭受的三部分损失之和是劳方整体上要远大于资方，劳方必然存在很强的意愿出价购买资方手中的权威因子。由于：①人力资本在企业经营中起着不可替代的决定性作用；②人力资本非常稀缺；③物质资本不再稀缺甚至大量闲置。从而规则设计商人力资本所有者在分配权威配置的博弈谈判中谈判能力更强，有很大的话语权，同时由于规则设计商人力资本所有者筹集资金渠道的较为顺畅，融资能力也非常强，能很容易地筹集到足够的资金来打破购买分配权威因子的财富约束。从而规则设计商的劳资分配范式是一种人力资本主导的"劳动雇佣资本"分配范式。劳资分配范式主导权的颠覆调整必然涉及传统利益格局变动，但在人力资本"一统天下"、物质资本绝对过剩的价值网络化产业规则设计商中，资方被动甚至主动甘愿接受劳方的分配主导是大势所趋。

三、价值网络化产业模块制造商的劳资分配

（一）模块制造商劳资分配的对象

笔者认为，企业的分配对象是企业的增加值，即 V+M 部分，参与分配的主体主要包括政府、资方和劳方三方，其中，政府参与企业增加值分配的方式主要是通过征税来实现。由于税收具有强制性和无偿性特征，因此，劳资的分配对象只能是税后增加值（即税后 V+M 部分），这是包括模块制造商、系统集成商及规则设计商在内的所有价值网络化产业企业都遵循的。

（二）模块制造商的劳资收入模式与分配依据

1. 人力资本提供者的收入模式与分配依据

模块制造商属于一种物质资本主导下的传统劳资分配范式，模块制造商的人力资本被物质资本雇佣，人力资本提供者处于纯粹的支薪地位，工资的性质是人力资本报酬及其折旧的全部，发放标准通过市场供需关系以计时或计件契约方式决定。会计处理中，作为制造费用或管理费用计入模块制造商成本。随着竞争激烈程度的增加，也不排除由模块制造商物质资本股东在一定条件下（如完成多少利润、实现多少利润复合增长率等）对以企业家为代表的关键人力资本所有者（普通人力资本所有者一般被排斥在外）给予一定奖励，但该部分奖励属于关键人力资本所有者的或有收益，带有模块制造商资方的某种"让利"与"施舍"性，"让利多少、让利多久甚至让利与否"全凭模块制造商资方说了算。在会计处理中，该部分收益在模块制造商所得税后支出。

2. 物质资本提供者的收入模式与分配依据

模块制造商的物质资本提供者分为债权人和企业股东两类，两者承担的风险不一样，参与分配的方式也不尽相同。①以债权人身份出现的货币物质资本提供

者获得固定利息，利息率取决于模块制造商资金的供求关系以及国家的利率政策干预；②以债权人身份出现的非货币物质资本（如厂房、设备、土地等）提供者获得租金，租金高低取决于模块制造商非货币物质资本的供求关系；③以股东身份出现的物质资本提供者，物质资本股权可分为优先股权和普通股权，优先股权股东一般按约定的固定股息率在所得税后参与增加值分配，一定情况下，也可能在获取固定股息率的基础上再参与一定比例的增加值分配。而普通股权股东按资本投入比例参与模块制造商经营，并获得股利收益。

（三）模块制造商的劳资分配顺序

要素提供者所承担的风险高低决定其分配顺序（王化成，2005）。根据这一思想，可有效解决模块制造商的劳资分配顺序问题：①固定收益获得者不承担企业风险，从而固定收益在前；变动收益获得者承担企业风险，变动收益在后；②对于同样是获得变动收益的优先股东和普通股股东，优先股在前；③对于同样是获得固定收益的工资、租金及利息部分的分配顺序标准，笔者认为，可以进一步根据要素提供者的选择自由度来确定（理由是选择自由度直接影响风险高低），具体是选择自由度小的要素提供者分配优先。人力资本和其载体不可分离，人力资本提供者的选择自由度比物质资本提供者要小，所以人力资本提供者的固定收益整体上排在租金、利息之前。在现代的金融市场情况下，货币物质资本提供者几乎可以随心所欲地挑选投资对象，也可将资金做各种各样的投资组合来分散风险。显然，非货币物质资本提供者自由度要小于货币物质资本提供者，从而租金在前，利息在后。最终，模块制造商的劳资分配详细顺序为：

企业增加值（即 V + M）

——各项流转税

流转税后增加值

——工资（全体人力资本报酬）

——租金（非货币物质资本债权人收入）

——利息（货币物质资本债权人收入）

所得税前增加值

——所得税

所得税后增加值

——各项提留

股东可分配增加值

——物质资本股东（优先股股东）获取的股利收益

——关键人力资本所有者的或有股权奖励收益（如存在的话）

——物质资本股东（普通股股东）获取的股利收益

（四）模块制造商的劳资分配治理

1. 模块制造商的劳资分配治理重心

物质资本主导的模块制造商劳资分配中，物质资本处于强势地位，而人力资本特别是普通人力资本处于弱势。因此，模块制造商的劳资分配治理必须重点防范物质资本股东滥用强势地位的行为，杜绝"富士康系列跳楼事件"及类似悲剧的重演。但在物质资本产权虚化的国有企业，也需要关注和约束关键人力资本所有者（主要指企业家、经理层等）通过"内部人控制"方式损害物质资本所有者以及普通人力资本所有者的利益。

2. 模块制造商的劳资分配治理安排

①模块制造商股权由普通股权（必要时可设立优先股权）组成；②普通股权由全体物质资本股权构成，物质资本股东共同组成股东（大）会，股东（大）会是模块制造商最高权力机关，实行"按股权比例说话"（优先股权没有投票表决权）的决策原则；③按普通股权的大小确定董事会内部成员的比例，与独立董事、工会董事（可由工会主席或副主席出任）共同组成董事会，董事会领导经理层行使决策权、分配权；④按股权比例确定一定数量的监事会成员，外加一定比例的工会监事组成监事会，行使监督权；⑤赋予工会代表劳方与资方进行有组织的谈判职责和权力，并改革工会"只对上负责"的现有体制，将"对下（劳方）负责"与"对上负责"有机结合起来，使工会成为救济人力资本特别是普通人力资本所有者弱势地位的重要途径；⑥必要时可考虑在宪法框架下允许劳方进行有组织的、适度的罢工表达。

四、价值网络化产业系统集成商的劳资分配

（一）系统集成商的劳资收入模式与分配依据

1. 人力资本提供者的收入模式与分配依据

在收入模式与分配依据上，系统集成商人力资本提供者分化为两个截然不同的群体：①普通人力资本所有者群体，充当纯粹的传统支薪人角色，其收入模式与分配依据与模块制造商完全相同。②以企业家为代表的关键人力资本所有者群体，其身份转变为系统集成商普通股股东（以人力资本出资），具体包括两块收入：一是股利（企业盈利时），根据人力资本的实际投入量在企业所占比重决定，人力资本实际投入量的具体量化可采用事前契约确定与事后考核相结合方式解决。在会计处理中，这部分收入在系统集成商所得税后支付。二是工资（可按月领取）。这里的工资性质不同于传统工资，传统的工资性质主要是劳动的报酬，标准依据由市场供需所决定，而此处的工资相当于人力资本折旧费（肖曙光，2006），标准依据转化由下列因素费用决定：第一，维持劳动者自身生存所必要生活资料费用；第二，维持劳动者繁殖后代所必要生活资料费用；第三，维持劳动者接受教育和培训所支费用的磨损摊销额。其中，第一部分费用是弥补人力资本因使用而引起的有形磨损的需要。第二部分费用用于弥补由自然力引起的人力资本磨损部分。第一、二部分费用以人力资本所有者所处时代、社会以及系统集成商所在区域的平均值为准。同时，该平均值是一相对动态量，受通货膨胀等因素影响而相对变动。由于采用的是社会平均量，故对所有处在同一时期、同一区域的人力资本所有者来说，这两项费用是相同的。第三部分费用是补偿人力资本无形磨损部分的需要。对于不等的人力资本，该部分折旧费用亦不相等。在会计处理中，可作为制造费用或管理费用计入系统集成商成本。

2. 物质资本提供者的收入模式与分配依据

系统集成商的物质资本提供者的收入模式与分配依据与模块制造商非常类似，也是一部分以债权人身份出现，获取固定租金或利息，一部分以企业股东身

份出现，物质资本股权一般为普通股权。物质资本股东参与系统集成商经营，以承担有限责任风险为代价，与人力资本股东分享系统集成商所得税后增加值。

3. 系统集成商几种特殊劳资收入分配模式的推演

上述劳资收入模式是建立在如下劳资身份制度安排上：①关键人力资本所有者成为系统集成商的股东而普通人力资本所有者被排斥在股东之外；②系统集成商的物质资本提供者分为债权人和股东两种类型。实际上，在物质资本股东和人力资本股东共同主导的劳资分配范式下还可推演出几种特殊劳资收入模式。模式一是全体人力资本所有者成为系统集成商股东，而物质资本提供者的身份制度安排不做改变；模式二是系统集成商不发生借贷、租赁业务，物质资本提供者全部为系统集成商股东。笔者认为，上述模式及其组合在系统集成商劳资收入分配实践中是可能发生的，但一般难以成为主流形态。

（二）系统集成商的劳资分配顺序

按要素提供者所承担的风险高低决定其分配顺序思想，系统集成商的劳资分配明细顺序为：

企业增加值（即 V+M）

——各项流转税

流转税后增加值

——工资 1（关键人力资本折旧费）

——工资 2（普通人力资本报酬）

——租金（非货币物质资本债权人收入）

——利息（货币物质资本债权人收入）

所得税前增加值

——所得税

所得税后增加值

——各项提留

股东可分配增加值

——关键人力资本股东（普通股股东）分享的股息收益

——物质资本股东（普通股股东）分享的股息收益

（三）系统集成商的劳资分配治理

1. 系统集成商的劳资分配治理重心

物质资本股东和关键人力资本股东共同主导系统集成商劳资分配后，一方面，物质资本控制力虽有所降低，但其股东的地位并没有完全动摇；另一方面，关键人力资本所有者获得了系统集成商的股东和劳动者双重身份，其分配控制力较传统分配范式显著加强，而普通人力资本所有者单一的系统集成商劳动者身份，整体上处于弱势。所以，系统集成商的劳资分配必须重点治理约束物质资本股东和关键人力资本股东（主要指企业家、经理层等）的合谋行为，重点关注普通人力资本所有者的利益保障。

2. 系统集成商的劳资分配治理安排

①系统集成商的股权全部为普通股权，由全体物质资本股东和关键人力资本股东共同组成股东（大）会，股东（大）会是系统集成商的最高权力机关，实行"按股权比例说话"的决策原则，体现人力资本与物质资本的共同主导；②按普通股权的大小确定董事会内部成员的比例，与独立董事、工会董事（可由工会主席或副主席出任）共同组成系统集成商董事会，董事会领导经理层行使决策权、分配权；③按股权比例确定一定数量的监事会成员，外加一定比例的工会监事组成监事会，监督董事会及其领导下的经理层；④考虑到普通人力资本提供者单个人力资本较少，为防止关键人力资本所有者与物质资本股东共谋侵害普通人力资本所有者权益，应像模块制造商一样加强工会建设，使工会成为保障普通人力资本所有者正当利益的重要救济途径；⑤为避免普通人力资本所有者受到过度压榨，政府也应对普通人力资本提供者报酬进行必要的干预，如出台工资年度增长率指导政策，及时更新最低工资标准等。

五、价值网络化产业规则设计商的劳资分配

（一）规则设计商的劳资收入模式与分配依据

1. 人力资本提供者的收入模式与分配依据

人力资本所有者的身份全部为人力资本股东，其收入具体包括工资（人力资本折旧费）和股利（规则设计商盈利时）两块，分配依据与系统集成商中的关键人力资本股东完全相同，此处不再赘述。

2. 物质资本提供者的收入模式与分配依据

①以债权人身份出现的货币物质资本提供者获得固定利息，利息率取决于规则设计商的资金供求关系以及国家基准利率政策；而以债权人身份出现的非货币物质资本提供者获得租金，租金的高低取决于规则设计商的非货币物质资本供求关系。②物质资本股权一般退化为优先股权，优先股东在领取固定的股息基础上可视情况约定参与或不参与一定比例的利润分配，但不参与规则设计商经营。

3. 规则设计商几种特殊劳资收入模式的推演

上述劳资收入模式是建立在如下劳资身份制度安排上：①全部人力资本所有者成为股东；②物质资本提供者分为债权人和股东两种类型。实际上，在人力资本主导下的规则设计商劳资分配范式还可推演出几种特殊劳资收入模式。模式一是关键人力资本所有者成为股东，而普通人力资本所有者被作为规则设计商雇员对待，排除在股东之外，普通人力资本所有者收入是纯粹的劳动报酬工资；模式二是规则设计商的物质资本需求全部通过借贷、租赁方式解决，物质资本提供者排除在股东之外；模式三是规则设计商的物质资本股权一部分为普通股权，而另一部分为优先股权，但普通股权远小于人力资本股权。上述模式及其组合在规则设计商劳资收入分配实践中也是可能存在的。

（二）规则设计商劳资分配的一般顺序

按要素提供者所承担的风险高低决定其分配顺序思想，规则设计商的劳资分配顺序具体为：

企业增加值（即 V＋M）

——各项流转税

流转税后增加值

——工资（相当于人力资本折旧费）

——租金（非货币物质资本债权人收入）

——利息（货币物质资本债权人收入）

所得税前增加值

——所得税

所得税后增加值

——各项提留

股东可分配增加值

——物质资本股东（优先股股东）分享的固定股息收益

——人力资本股东（普通股股东）分享的股息收益

（三）规则设计商的劳资分配治理

1. 规则设计商的劳资分配治理重心

人力资本主导劳资分配后，物质资本股东的地位（一般为优先股股东）显著降低，其控制力得到很大削弱。与此同时，人力资本所有者获得了股东和劳动者的双重身份，人力资本特别是关键人力资本所有者的控制力得到显著加强。如缺乏有效治理，关键人力资本所有者可能在获取股东利益的同时，通过职务消费等形式侵蚀物质资本股东和普通人力资本所有者的利益，所以，在规则设计商的劳资分配中，物质资本股东和普通人力资本股东整体上处于弱势。规则设计商的劳资分配必须重点治理约束关键人力资本股东的不端行为，重点关注物质资本股东和普通人力资本股东的利益保障制度安排。

2. 规则设计商的劳资分配治理安排

①规则设计商股权分为普通股权和优先股权两部分，由全体股东组成股东（大）会，股东（大）会是规则设计商的最高权力机关，实行"按股权比例说话"决策原则，但优先股无表决权，其持股人不参与规则设计商经营管理。②普通股权全部由人力资本股权组成，其股东参与规则设计商经营，拥有经营权。具体按普通股权的大小确定董事会内部成员，与独立董事共同组成董事会，董事会领导经理层对规则设计商的重大事项进行决策，体现人力资本的主导性。③优先股权全部由物质资本股权构成，其持股人在领取固定股息基础上可视情况约定参与或不参与一定比例的利润分配。为公平起见，人力资本所有者投入的物质资本所对应的股权也一律列为优先股权，这样处理的一个重要好处是：对于同时投入物质资本与人力资本的出资者来说，由于兼具普通股东和优先股东身份，可一定程度上提高人力资本所有者的约束力度。④考虑到普通人力资本所有者单个人力资本较少但人数众多，为增强其影响力，保障其权益，可成立人力资本持股会（普通人力资本所有者可自主决定加入或不加入），由人力资本持股会按持股比例提名一定代表进入规则设计商董事会、监事会和董事会领导的经理层。

第五章　两权配置的演进与人力资本分享企业剩余实践

两权配置在本书中具体是指企业所有权与经营权的配置制度安排，所有权与经营权的制度安排问题是影响和决定企业制度范式的基础问题，两者配置是否科学合理直接影响企业的兴衰成败，也最终影响着人力资本分享参与企业剩余分配的实践。从两权配置理论角度，完全可以这么认为：人力资本分享企业剩余的实践是两权配置演进的必然分配表现。整体看来，企业所有权与经营权的制度安排历经三种范式：一是所有权与经营权合一范式，代表形态为古典的业主制企业，在古典的业主制企业中，业主既是出资者又是经营者，独自获得企业经营的收益并承担无限责任风险；二是所有权与经营权分离范式，代表形态为股份有限责任公司，以责任有限化、资本社会化、股权多元化和与之相连的两权分离为重要特点，成为近二百年以来最重要、最有代表性的现代企业制度；三是所有权与经营权部分合一范式，其特点是在遵循两权分离的大前提下，实现部分所有权与经营权相结合，以股权激励等为代表形态，自 20 世纪 90 年代以来，有愈演愈烈的趋势。本章探讨以下两个方面问题：一是深入研究企业所有权与经营权配置安排的规律与哲理，目的在于厘清人力资本参与企业剩余分配的现代企业制度创新规律与发展方向；二是按照所有权与经营权配置规律阐释人力资本参与企业剩余分配的若干实践形态。

一、企业制度范式的理论分析

（一）企业制度范式评价的理论框架构建

企业作为一种经济组织，其制度范式的核心评价标准是利润。鉴于企业是一个"契约联合体"，是由人力资本和非人力资本所有者的一个特别合约（周其仁，1996）。为了分析方便，我们假定企业的利润函数满足下面的形式：

$$I=R(k, h)-C(k, h, s) \tag{5-1}$$

其中，k 代表物质资本，h 代表人力资本，s 代表企业制度范式，I、R、C 分别代表企业的利润、收益和成本函数。实践中，企业制度范式同时影响着物质资本和人力资本的配置与需求，以及人力资本积极性的发挥，因此，企业制度范式又构成物质资本和人力资本的复变函数。由企业的利润函数对企业制度范式变量求偏导数有：

$$\frac{\partial I}{\partial s} = \left(\frac{\partial R}{\partial k} - \frac{\partial C}{\partial k} \right) \cdot \frac{\partial k}{\partial s} + \left(\frac{\partial R}{\partial h} - \frac{\partial C}{\partial h} \right) \cdot \frac{\partial h}{\partial s} - \frac{\partial C}{\partial s} \tag{5-2}$$

式（5-2）中，$\frac{\partial I}{\partial s} > 0$，表明企业制度范式得到了优化，数值越大优化力度越强，企业制度范式越富有生命力；反之亦相反。由式（5-2）可以建立起评判企业制度范式是否得以优化的理论框架：

1. 企业是否可高效利用物质资本的评判标准

具体为：①对有用的物质资本（$\frac{\partial R}{\partial h} - \frac{\partial C}{\partial h} > 0$），企业制度范式对其始终保持吸引力（即 $\frac{\partial k}{\partial s} > 0$）使其能迅猛融入企业，实现企业规模扩张。并且如果需要，规模边界尚不存在难以跨越的障碍，可以将物质资本利用到极致，纵向打到底，横向打到边，以此建立和巩固超级"巨无霸"地位。②对无用的物质资本（即 $\frac{\partial R}{\partial k} - \frac{\partial C}{\partial k} < 0$），企业制度范式对其始终保持排斥力（即 $\frac{\partial k}{\partial s} < 0$）使其平滑退出企业，实现企业撤退收缩，并且如果内外环境持续极端恶劣，还可低成本地将

物质资本排斥到极致，将企业予以破产清算。

2. 企业是否可高效利用人力资本的评判标准

具体为：①对于人才（即 $\frac{\partial R}{\partial h} - \frac{\partial C}{\partial h} > 0$），企业制度范式对其具有强大的吸引力（即 $\frac{\partial h}{\partial s} > 0$），从而人才能够适时融入企业而不致出现"武大郎开店"现象。并且对于人才的吸纳没有边界障碍，如需要可将人力资本利用到极致，聚天下英才而用之。②对于庸才（即 $\frac{\partial R}{\partial h} - \frac{\partial C}{\partial h} < 0$），企业制度范式对其始终保持强大的排斥力（即 $\frac{\partial h}{\partial s} < 0$），从而使庸才在企业中无立足空间。同时由于人力资本具有很强"伸缩"性，还要求企业制度范式能够调动人才特别是关键人才的积极性，对人力资本实施有效"激励"而不是野蛮"榨取"。

3. 企业制度成本 $\frac{\partial C}{\partial s}$ 是否最小化的评判标准

关于企业制度成本，目前学术界和实践界还没有一个统一的认识和定义，本书认为，企业制度成本本质上是企业内外各种交易费用的总和。众所周知，实践中的交易费用永远不可能为零，所以不管企业是否存在委托—代理关系，企业制度成本总是存在的。从委托—代理的角度来看，企业制度成本可分为非委托—代理成本和委托—代理成本两大部分。前者为不存在委托—代理关系下的企业内部组织和管理机构正常运转所耗费的成本，后者为随着委托—代理关系出现而派生出来的企业治理成本，企业治理成本还可细分为外部治理成本和内部治理成本两块。既然非委托—代理成本是无法消除的，降低制度成本只能在怎样减少委托—代理成本方面做文章，单纯地从制度成本的最小化角度来看，降低委托—代理成本的最好办法是消除委托—代理。

（二）三种企业制度范式的评价

1. 两权合一范式评价

（1）企业在高效利用物质资本上存在巨大障碍，主要体现在两个方面：第一，当环境有利，企业要实现规模生产存在很大局限性，因为企业资本来源于业主，资本规模取决于业主经济实力，企业的再生产也主要是通过资本积累完成，注定生产规模是较小的；第二，由于业主承担无限责任，企业遇到环境持续极端恶劣，业主们要顺利地退出也不是一件容易的事情，往往以倾家荡产而告终。

（2）企业在高效利用人力资本上，既有优势，又存在无法规避的巨大障碍。优势在于业主帮自己做事，责、权、利天然统一，自身的利益和经营业绩密切相关，能够很好地调动业主人力资本积极性。其障碍在于对企业外部专业化人才缺乏产权激励，始终不具备强大吸引力，而与此同时，由于两权合一的制约，对庸才业主们又天然缺乏有效排斥力。所以，实行两权合一的企业如果业主本身经营能力强，则企业可在小规模水平上充满活力；反之，将使企业生存发展遭受重创。

（3）在企业制度成本最小化方面具有明显优势。业主躬身亲为，不存在委托—代理关系，不需要通过制度安排来规范公司控制权和剩余索取权分配，不存在真正的企业治理问题。所以企业制度没有代理成本，只有一定的非委托—代理成本。可见，两权合一的企业制度范式的优点是业主具有积极性、企业制度成本低，缺点是受业主个人能力和私人资本规模制约，不能获得规模经济、专业化经济和风险分散的好处，只能适用于少量生产要素的简单结合。

2. 两权分离范式评价

（1）企业可无障碍地高效利用物质资本。第一，股份公司普遍引入了有限责任原则，降低了出资者风险，增强了投资意愿，当环境有利，企业通过发行股份的方式可以迅速集中社会物质资本，实现规模生产，获得规模经济。马克思指出："通过集中而在一夜之间集合起来的资本量，同其他资本量一样，不断再生产和增大，只是速度更快，从而成为社会积累的新的强有力的杠杆。"[①] 第二，企业对无用的内部物质资本，可以通过资产重组、资产置换等方式，使其快速退出企业，遇到内外环境持续极端恶劣，在履行有限责任之后，选择破产清算也并非难事。

（2）在利用人力资本方面，相对业主制而言，创造了优势，但同时又带来了新的障碍。优势在于可以解决物质资本与企业家才能结合的问题。实践中，具有丰富物质资本的出资者不一定具有经营管理才能；反过来，那些具有经营管理才能的人也不一定具有开办企业所需的物质资本。通过引入出资者拥有公司所有权，而把经营权委托给具有专门才能的职能经理团队这一机制可以很好处理这一

---

① 马克思. 资本论（第1卷）[M]. 北京：人民出版社，1975：689.

矛盾。而障碍体现在：第一，职能经理团队只拥有经营权，是帮别人做事，缺乏产权激励，难以有效激励人才，容易产生道德风险；第二，由于逆向选择的原因对庸才缺乏有效排斥力。

（3）在企业制度成本最小化方面具有非常大的劣势，在保留非委托—代理成本的同时，又增添了该制度范式无法消除的委托—代理成本。两权分离必然产生委托—代理关系，而代理人是自己给别人（委托人）干活，容易产生大量的委托—代理问题，派生出巨额显性和隐性的代理成本。可见，两权分离的企业制度范式在获取规模经济、专业化经济和风险分散好处的同时，也必然以承受各种显性和隐性委托—代理成本为代价。

3. 两权部分合一范式评价

两权部分合一范式是对现代企业制度两权分离的一种反叛，更是一种批判继承，该制度范式在遵循所有权与经营权整体分离的大前提下实现必要的所有者身份与经营者身份的结合，经营者拥有部分而不是全部所有权，主要目的在于改善两权分离范式固有的激励和约束缺陷。对两权分离予以两权部分合一改进后可发现：

（1）相较于两权分离范式，企业在高效利用物质资本方面并无二致，甚至由于两权部分合一范式使企业的盈利能力增强，可能使企业对社会物质资本更加具有吸引力。

（2）在企业高效利用人力资本方面，相对两权分离范式而言，在保持物质资本与企业家才能有效结合优势的同时，又弥补了其不足。体现在：人才团队既拥有经营权，又拥有一定所有权，激励力度大，虽然不能完全消除，但也可相当程度上减少委托—代理风险。而对于庸才由于存在内部监督机制也增添了有效排斥力。

（3）在企业制度成本最小化方面，相较于两权分离范式也得到了很大改善，虽然仍然保持委托—代理而存在显性的代理成本，但由于代理人是既给别人（委托人）干活，又给自己干活，隐性代理成本大为降低。可见，两权部分合一范式在获取规模经济、专业化经济和风险分散好处的同时，还有效降低了隐性代理成本。

二、两权部分合一的机理分析

（一）企业的主要矛盾发生变化

企业总是处在多重矛盾之中，有的为主要矛盾，有的为次要矛盾，而且主次矛盾在不同时期还可能相互转换。所以，企业制度范式的发展本质上是一个不断解决矛盾特别是解决主要矛盾的动态过程。

古典的两权合一范式企业主要活跃于农业经济时代以及工业经济时代初期，这是一个短缺经济时代，企业外部存在严重的短缺矛盾，而企业内部虽然可以形成强有力的产权激励和约束，但受业主个人能力和私人资本规模制约，不可避免地存在生产能力不足的矛盾。随着第一次工业革命的兴起，这种矛盾日趋尖锐，从而催生了以两权分离为基础的股份公司。马克思说："假如必须等待积累去使某些单个资本增长到能够修建铁路的程度，那么恐怕直到今天世界上还没有铁路，但是，集中通过股份公司，转瞬之间就把这件事完成了。"①

两权分离范式有利于资本集聚，带来了公司"躯体"的快速膨胀，有效解决了企业生产能力的不足；同时，却让由企业家们所构成的管理层这个"大脑"的发育受到了抑制（邓承师，2004），这时企业内部也就产生了以企业家们为代表的人力资本所有者积极性不足的矛盾。但在短缺经济时代，主要矛盾是企业生产能力不足的矛盾，由于物质资本的稀缺性和使用上的实际排他性，使得物质资本相对于其他生产要素处于绝对的优势地位，以企业家为代表的人力资本所有者被迫接受物质资本所有者的雇佣，其积极性的不足表现为一种次要矛盾。随着后工业经济时代特别是信息经济时代的到来，短缺经济转变为相对过剩经济，资本市场的高度发达使货币资金充裕或过剩而闲置，其作用相对下降，矛盾的格局发生了改变，以企业家为代表的人力资本所有者积极性的不足上升为主要矛盾，而生产能力不足的矛盾则转变为因产品需求严重不足而过剩的矛盾。利润也沿着价值

---

① 马克思. 资本论（第1卷）[M]. 北京：人民出版社，1975：688.

链发生了根本转移，其主要表现为五个方面：①利润从产品的制造环节转向销售环节；②利润从产品的销售环节转向消费环节；③利润从价值链的中间环节分别转向上、下游环节；④利润从产品的内在环节转向外围环节；⑤利润从产品的实体环节转向虚拟环节（李海舰、原磊，2005）。有研究表明，在目前世界产业价值链中，产品设计、原料采购、物流运输、订单处理、批发经营、终端零售六大环节创造出的盈余多达 90%，而加工制造创造出的盈余不足 10%（郎咸平，2008）。

在这种新情况下，以往建立在规模经济基础上的价格策略已经不能在竞争中取胜，消费者需求呈现多元化与个性化趋势，只有通过需求创造，大量地、高层次地运用先进科技知识去创造新产品和新产业，才能刺激消费者潜在的消费欲望，增加购买。这样，企业要想在日趋激烈的市场竞争中取胜就必须拥有需求创造的优势。而以企业家为代表的人力资本所有者是创新的组织者和推动者，成为需求创造的原动力，有一种精神的力量，推动、实现生产要素"新组合"，即技术创新和制度创新。具体包括引进新产品、引进新技术、开辟新市场、控制原材料的新供应来源、实现企业的新组织等方面（刘茂松、陈素琼，2005）。可见，过去是物质资本统治人力资本，现在是人力资本牵引物质资本。在人力资本取代物质资本成为企业关键资本的背景下，公司最需要的是以企业家为代表的能够创新性地组合生产要素的高素质人力资本所有者，正是在这种人力资本处于相对主动和有利地位的背景下，企业家的人力资本在企业经营中的作用不断增强和与物质资本稀缺性的转化，经营者越来越不甘心接受支薪者的地位。任何企业如果再忽视人力资本积极性的调动，势必在新经济中败下阵来，从而两权部分合一的企业范式应运而生。

（二）两权分离天然存在委托—代理激励相容缺陷

两权分离必然产生委托—代理关系，而代理人是自己给别人（委托人）干活，缺乏天然的产权激励和约束，遵循"经济人"假设，很容易产生激励和约束不相容矛盾。如果委托—代理合约不完备，一方就不得不为另一方的行为后果承担风险，委托—代理风险就产生了。两权分离范式下的股份公司，存在股东—董事会—经理层等多级代理链条，产生了两层委托—代理：初层委托—代理是股东通过股东（大）会选举和委托董事会负责公司经营；次层委托—代理是董事会委托经理层负责公司日常经营。因而也相应伴随着两层委托—代理的激励相容性风险。

1. 初层即股东通过股东（大）会与董事会之间的委托—代理风险

股东通过股东（大）会选举和委托董事会代表股东来经营公司，由于信息的不对称，如果企业的剩余索取权和董事会的经营控制权不对应时，董事会将存在寻租可能，产生委托—代理道德风险。

2. 次层即董事会与经理层之间的委托—代理风险

董事会对股东而言是初始代理人，对经营者而言是次级委托人，董事会保留聘用、解聘总经理或首席执行官和重大事件的战略性控制权，把一般的管理权和经营权委托经理层，公司经理对董事会负责，董事会代表股东利益来监督公司经理行为。当激励不相容时，经理层将利用其信息优势以自身私利最大化替代企业利润最大化，即产生所谓的"内部人控制现象"，导致经理层对股东权益的损害。

一般而言，所有者和经营者目标是不一致的，股东追求的是获取最大化利润，实现资产增值，其利益行为偏重长期化，而公司代理人追求的是当期的收入和福利，具体包括工资、地位、权力和工作成就等，其利益行为偏重短期化，委托人和代理人的实际利益的不一致是产生代理人问题的重要原因。为确保代理人不损害委托人利益，学术界和实践界在两权分离范式诞生之日起，就着手构建一系列规范公司各利益主体经济行为的制度安排，形成了公司治理。公司治理的核心是如何在两权分离的情况下解决委托人对代理人的监督与激励问题，实现二者的激励相容。由于"委托—代理"关系本身留下了"代理人机会主义"的空间，只要"委托—代理"关系不变，这个空间就不会消除，如果"委托—代理"被强化，这个空间还可能扩大（邓承师，2004）。而传统的公司治理都是固囿于两权分离范式中，虽然想尽了各种办法，但效果始终不尽如人意。

（三）两权部分合一的基本思想

1. 两权部分合一的基础是两权分离

目前，导致两权分离的很多因素仍然在继续：①风险分散的因素。20世纪90年代以来，在以信息经济、网络经济和知识经济为主要表现形态的新经济的作用下，企业所面临的经营环境由过去相对稳定的市场环境迅速向复杂多变性和不确定性转化，特别是信息网络技术的广泛应用以及消费者需求的多样化、个性化发展，更是加剧了这一转变进程。在此背景下，降低和分散风险成为任何一个出资者的基本必然要求。②社会分工的因素。技术进步所引领的社会分工还在不断的深入化和复杂化，与之对应的协作则日益广泛化和多层次化，"大而全"的生产方式已经让位于广泛的外包生产，"供应链管理"也将公司管理的界限扩展到了非"母子"关系的企业之间，"组织再造"、"跨文化管理"等都对企业经营管理提出了更高要求。在此背景下，企业经理人员的专业素质要求必然水涨船高。在两权分离的大前提下实行两权部分合一，可利用两者的优点。③私人资本和个人能力分布不对称的因素。在经济全球化的今天，私人资本和个人能力分布不对称的矛盾不但没有消除，反而有加剧的趋势。

2. 两权部分合一集成了两权分离与两权合一的优势

两权部分合一不是简单回归古典的两权合一，而是遵循现代企业制度下所有权与经营权"两权分离"的基本规律，从"经济人"的客观实际出发，通过相应的制度安排，实现必要的所有者身份与经营者身份的结合。因此，所有权与经营权相结合是部分性的，即部分所有权与经营权相结合，它并不排斥大前提下的所有权与经营权相分离。通过这种制度安排创新，可以说两权部分合一范式集成了古典的两权合一与现代的两权分离两种范式的优点：①集成了两权分离范式所拥有的可以有效解决私人资本和个人能力分布不对称问题的优势，获取专业化经济好处。②集成了两权分离范式的有限责任原则的优势，获取风险分散的好处。③集成了两权合一范式所固有的可以有效调动人力资本积极性的优势，获取降低隐性委托—代理成本好处。

3. 两权部分合一的精髓

两权部分合一的精髓是实现了"以人为本"与"以利为本"的有机结合。企业盈利在人，亏损也在人。两权部分合一通过以人为本，运用利益杠杆，将代理人的利益与企业的利益紧紧地捆绑在一起，从源头上解决由委托人和代理人利益不一致引起的委托—代理激励相容性风险问题。一般而言，社会经济生活可有四种制度安排：①用自己的钱办自己的事，既讲节约，又讲效果；②用自己的钱办别人的事，只讲节约，不讲效果；③用别人的钱办自己的事，只讲效果，不讲节约；④用别人的钱办别人的事，既不讲节约，也不讲效果（李海舰，2001）。在现代企业制度两权分离的大格局下，把传统两权分离下的股份制公司代理人"用别人的钱办别人的事，既不讲节约也不讲效果"，变成两权部分合一下的经营者"用自己的钱办自己的事，既讲节约又讲效果"。因此，两权部分合一范式的制度设计思想是遵循"经济人"假设，"从关心个人利益出发来关心他人利益"、"利用私来发展公"，而不是相反，显然具有旺盛的生命力。

三、两权部分合一的哲理分析

（一）盛水之道：从传统木桶理论到新木桶理论

传统木桶理论认为，一只木桶能盛多少水取决于木板尺寸大小特别是短板的尺寸大小。运用传统木桶理论，从两权合一范式演进到两权分离范式已很好地解决了业主制企业的木板尺寸及长短制约问题，表现为：通过发行股票解决了规模瓶颈问题，通过两权分离解决了私人资本与个人能力分布不对称问题，通过业务外包解决了比较优势的充分利用问题。现在运用新木桶理论，即木桶盛水的多少除了取决于上述因素外，还取决于板块之间的接缝问题，板块接缝黏合不严密，再多的水也会流掉或漏掉；对于企业来说，不解决好内部资源要素融合问题，到头来是貌合神离，效率难以提高。两权分离范式虽然实现了精英组合，具有划时代的意义，但也不可避免地带来了委托—代理，这给代理人机会主义天然创造了空间，类似于木桶的板块接缝。针对接缝，随后建立了精细的公司治理进行黏合。接缝的黏合，必须有优质的"黏合剂"，传统的基于两权分离的公司治理，虽说也是一种"黏合剂"，但由于没有产权激励，效果大打折扣。而两权部分合一虽然不能说完全根治了长期困扰的板块接缝问题，但效果无疑更好、更省、更长久。

（二）治理之道：从有形刚性治理到无形柔性治理

两权分离下的股份制公司治理中，为求解委托—代理问题，学术界和实践界制订了大量的解决方案，但委托—代理问题已困扰近二百年，至今尾大不掉。之所以这样，我们认为，其根源在于治理的思路有问题，大多是通过有形的制度安排刚性要求代理人"干什么"和"不干什么"，但制度安排的非完全性契约性质注定"上有政策，下有对策"，有形刚性治理终究是治标之术，再怎么完善也不能从根本上解决问题。实际上，基于两权分离前提之下的传统公司治理就已经涉及了能够涉及的各个方面，动员了可以动员的各种力量。"安然事件"之后，传统公司治理能够做的就只是因为没有新思路而不得已而为之的"乱世用重典"了。对此，已经有学者认为这不过是在构筑"马其诺防线"而已（李维安，2003）。如果换一种思路，从有形刚性治理转变为无形柔性治理，效果将截然不同。通过吸纳员工特别是以经营者为代表的代理人的个人资本（包括物质资本或人力资本），形成两权部分合一，代理人要实现个人利益最大化，就必须努力经营，这时，"要我干什么"转变为"我要干什么"，"不要我干什么"转变为"我不要干什么"，则"干什么"和"不干什么"就成为代理人的自觉行动，过去，代理人是仅从代理人角度重视企业经营业绩；现在，代理人不仅要从代理人角度重视企业经营业绩，还要以所有者身份，从关注自身利益角度去关心全体企业出资人的经营绩效，显然无形柔性治理是治理之道。

（三）求解之道：从正面求解到反面求解

从两权合一到两权分离再到两权部分合一，解决方案都是在反面或对立面求得。两权合一范式企业虽然业主积极性高，不存在代理成本，但天然存在私人资本与个人能力不对称而制约企业发展。随后人们从对立面——两权分离范式中寻求解决方案，最终获得规模经济、专业化经济和风险分散问题的大解。而两权分离范式固然可以获取规模经济、专业化经济和风险分散的好处，但必然派生委托—代理关系，而代理人是自己给别人（委托人）干活，容易产生出巨大显性和隐性的代理成本，过去，传统的公司治理长期从正面——两权分离范式中寻求解决方案，但委托—代理关系本身就留下了代理人"机会主义"的空间，公司治理左冲右突，获得的都是小解，效果越做越差。可见，正面求解是满足"小数点以后的思维"，即使做到最好也不过接近于1，事倍功半；现在，公司治理开始从反面——两权合一范式中寻求解决方案，在关注反面的基础上再关注正面——两权分离，正反结合——两权部分合一范式中寻求解决方案，最终获得大解，从根本上解决问题，企业利用反面来解决正面问题，跳出固有范式来分析问题的根本所在，是无极限的，效果也是越做越好，反面求解满足"小数点以前的思维"，即使最差也不会低于1，事半功倍。从关注正面到关注反面是对委托—代理问题与公司治理问题认知的一场重大革命。

（四）制胜之道：从"躯体"制胜到"脑袋"制胜

两权分离取代两权合一之所以成为前工业经济时代的必然，是因为当时社会处于短缺经济时代，一个企业是否具有竞争力主要取决于"躯体"——资本规模。可谓：大资本赚大钱，小资本赚小钱，无资本不赚钱。进入后工业经济时代——一种相对过剩经济时代后，两权分离过渡到两权部分合一已露端倪，而随着社会完全变迁到知识经济时代，人们有理由相信，两权部分合一将成为知识经济时代的现代企业必然范式。在知识经济时代，企业的竞争力主要取决于"脑袋"——其无形的智力因素，例如，Idea（思想、理念、创意），它可以说是各种智力因素的集大成，只要拥有思想，就可赚取利润。可谓：大思想赚大钱，小思想赚小钱，无思想不赚钱。当今时代，"玩"思想比"玩"资本厉害（李海舰、冯丽，2004）。微软的比尔·盖茨之所以在不到20年的时间里使资本总额达510亿美元，产值超过美国三大汽车公司的总产值，是因为他通过两权部分合一实现了智力资本与物质资本有机结合，并加以综合经营。南方一位著名的民营企业家讲过，"钱袋子"来自于"脑袋子"，即"两袋子"理论。而目前，相当一部分企业家的"钱袋子"瘪了，问题在于其"脑袋子"旧了，所以，"洗脑袋"、"换脑袋"在全社会蔚然成风。

四、人力资本分享企业剩余的主要实践形态

人力资本分享企业剩余的实践是两权配置演进的必然分配表现。两权分离范式是代理人给别人（委托人）干活，工作积极性不高，虽然引入了精细的公司治理，但"委托—代理"关系天然留下了"代理人机会主义"的空间，委托—代理问题始终得不到根本解决。实行两权部分合一范式以后，代理人主观上给自己干

活，客观上同步给别人（委托人）干活，委托—代理矛盾得到很好化解，企业活力十足。现在看来，实行两权部分合一让人力资本分享企业剩余，实践已经远远走在了理论前面。

（一）动态股权制实践形态

湖北省襄樊市自 1998 年以来在不断深化国有企业改革中，提出并推行"动态股权制"，取得了国家增税、企业增效、职工增收的显著成效，引起了各界的广泛关注。

"动态股权制"从产权制度改革入手，通过设立岗位股、风险股和贡献股，使企业的股权总额、股权结构和股份价值处于不停的变化之中。所谓岗位股，是为了体现岗位价值，由企业拿出一部分虚拟股权，划配给经营者。岗位股的所有权仍属于划配前的所有者，收益权归经营者。上岗者一旦离岗，则岗位股归还公司。风险股是由岗位股持有者按照不低于（一般是等于）岗位股的数额，由本人出资购买的股份，其所有权和收益权归购买者个人。贡献股指企业从当年新增所有者权益中切出一部分，并按员工贡献大小分配的股份，其所有权和收益权归个人所有。[①]

"动态股权制"建立了员工人力资本与社会非人力资本共同参与企业经营控制和收益绩效分享的激励约束机制，具有其科学性。但在岗位股和贡献股（特别是岗位股）的理论认识和具体量化方面也存在一些美中不足的问题：

1. "动态股权制"岗位股的设计缺陷

"动态股权制"设计的岗位股，是岗位价值的资本化，实质上是竞争上岗者人力资本量的体现，所以理论上不存在分配部分国有股给劳动者（人力资本所有者）的问题。另外，贡献股实质上是人力资本派生的部分收益权体现，在会计科目上属所有者权益项目，理论上不宜与资产项目混淆和等同。故将"动态股权制"岗位股和贡献股设计改进为"国有股或其他物质资本股份不分配变动，而将竞争上岗者所拥有的人力资本进行量化和折成人力资本（替代岗位股和贡献股）股"显得更为科学合理，不过这样改进将客观导致该公司的总股本增大（注：并

---

① 孙楚寅，罗辉.动态股权制——襄樊市国有企业改革理论探索 [J].中国工业经济，2001（4）.

不妨碍改制），并且必须解决人力资本的科学量化问题。

2. 岗位股和贡献股（特别是岗位股）的覆盖范围缺陷

岗位股和贡献股（特别是岗位股）的覆盖范围（如广大劳动者被排斥于制度之外是不合理的）和具体量化（如下面案例第一层次经营者岗位股数为什么恰恰为 1.5 万元等）等方面，"动态股权制"尚带有很大的主观随意性，需要进一步科学改进。如 1998 年 8 月，襄樊车桥股份有限公司进行"动态股权制"改造时，将该公司岗位分为关键岗位（143 人）、一般岗位（450 人）和其他岗位（1907人）三大部分：

（1）关键岗位又分为四个层次：第一层次是经营者，即董事长、总经理和党委书记（一肩挑）股确定为 1.5 万元；第二层次每岗配额 1 万元，为公司领导班子副职；第三层次每岗配额 6000 元，为公司中层干部正职和高工；第四层次每岗配额 4000 元，为公司中层干部副职、部分高工和工程师，这四个层次的上岗者按 1∶1 比例购买风险股。

（2）一般岗位（450 人）的上岗者不分配岗位股和认购风险股，只在年终按四个档次分配贡献股。

（3）其他岗位（1907 人）既不分配岗位股和认购风险股，在年终也不分配贡献股。①

可见，动态股权制的实施对象不是全体人力资本所有者，仅限于以经营者为代表的"关键人"。通过让关键岗位人员持有岗位股、风险股，并按照工作业绩奖励贡献股，使占企业人数 20% 左右、以经营者为代表的"关键人"拥有相对较多的企业股份，促使企业股权结构趋于多元化，"关键人"成为企业重要股东之一，他们既经营自己的资产，也经营国家的资产，促使他们从个人利益出发，密切关心企业发展，追求共有资产的保值增值。不难发现，"动态股权制"取得显著成效的实质在于引入了所有权和经营权部分融合制度安排。对于"关键人"而言，岗位股是一种虚拟的两权融合，而风险股和贡献股为实实在在的两权融合。由于全体"关键人"的岗位股、风险股和贡献股总和仅为公司总股本的一部分，所以"动态股权制"是所有权和经营权两权部分融合形态中一种重要形态之一。

---

① 曾庆宗. 动态股权分配法 [J]. 企业管理，1999（10）.

（二）股权激励实践形态

股权激励是指在经营者、员工与公司之间建立一种基于股权为基础的激励约束机制，经营者、员工以其持有的股权与公司形成以产权为纽带的利益共同体，分享公司的经营成果并承担公司的经营风险。股权激励起源于 20 世纪 50 年代的美国，1952 年美国辉瑞公司第一个推出面向所有雇员的股票期权计划，目前已成为西方国家应用最为广泛的企业激励手段之一。以美国为例，几乎所有的高科技企业、95%以上的上市公司都实行了股权激励制度，股权激励收入一般占员工薪酬收入 30%以上的比例。近几年股权激励在我国也发展非常迅猛。股权激励的表现形式千姿百态，按照激励对象的不同可分为管理层持股（Management Stock Ownership，MSO）、管理层员工持股（Management Employee Stock Ownership，MESO）、员工持股（Employee Stock Ownership Plan，ESOP）、管理层收购（Manager Buy-Out，MBO）、管理层员工收购（Manager Employee Buy-Out，MEBO）等模式；从股权类型来分主要有股票期权（Executive Stock Option，ESO）、股票增值权（Stock Appreciation Rights）、虚拟股票（Phantom Stock）等模式；从股权来源来分主要有出资购买、业绩股票（Performance Shares）、延期支付（Deferred Payment）等模式。

不管股权激励表现为何种模式形态，都万变不离其宗，股权激励遵循的是物质资本主导范式下的一种现实或虚拟的所有权与经营权部分融合形态。在这种形态中，经营者要实现个人利益最大化，就必须努力经营，进而实现经营者与资产所有者利益的高度一致性，达到"双赢"的目标。同时，通过赋予经营者参与企业剩余收益的索取权，把对经营者的外部激励与约束变成自我激励与自我约束，从而尽可能地减少代理风险，降低代理成本。但在物质资本主导并独享企业剩余的大前提下，劳动所得比重的提高带有资方的某种让利"施舍"性，"让利多少、让利多久甚至让利与否"全凭资方说了算。

（三）劳动分红制实践形态

劳动分红是指企业在向经营者和劳动者支付了正常的工资、奖金之后，再在企业税后利润中提取一定比例的劳动分红基金，年终按劳动贡献分配给经营者和劳动者的分配制度。劳动分红形式上类似于奖金，但是与奖金有着本质的差别，奖金是企业支付给劳动者个人超额劳动的报酬，在企业的成本中体现；而劳动分红是源于劳动要素收益的分配，以劳动者群体为对象，在企业的利润中进行分配。

这种分配制度在我国很多企业施行过并大都取得了不错的效果，比较典型的企业有联想集团、慧聪公司等。在联想集团早期，为促进联想持续跳跃式发展，当年中国科学院给予联想管理层 35% 的分红权（但非股权）激励联想管理层，后来联想集团经国务院特批，成立了员工持股会，将 35% 的分红权分到每个员工身上，并在 2000 年将其转化为股权，使员工真正成为企业的主人。柳传志后来回忆说："当时分红一年 1 亿元，但我们把这些应分没分的钱攒了起来，一直攒到了 2001 年，整整 8 年。"①

而民营企业慧聪集团成立于 1992 年，是国内信息服务行业的开创者和始终领先的商务资讯服务机构。慧聪在成立不久就开始赚钱，丰厚的利润很快就让公司内部的一些人动了分出去单干的心思。他们觉得反差太大了，自己很辛苦一个月才拿几千元，整个公司一个月近百万元的收入岂不是都进了老板的腰包。慧聪当时的企业结构还很不完善，整个业务只是靠几个关键性的人来完成，这种没有制衡的结构也为后来的内部"哗变"埋下了隐患。没过多长时间，一些人就打着"老板拿钱太多"的旗号，拉一批人出来自己成立了一个与慧聪一样的公司。这件事对郭凡生的震动极大。企业是要长远发展的，赚的钱哪能都变成奖金工资发下去呢？这让郭凡生下决心要坚决地实施和完善自己在创业时所制定的分配原则："把 70% 的分红权给非股东，即广大的普通员工。"70% 的分红分给不持股的普通员工这一制度在慧聪已经实行了多年，由于股东们如此"冒傻气"，换来了多数员工的支持，使得公司人员流动率极低，促进了这个"以人为本"企业的发展。2003 年慧聪在香港成功上市，成为国内信息服务业首家上市公司。目前已拥有员工 4500 多人，超过 30 家的分支机构、50 万家的稳固用户和 100 万家信息应用用户，在规模、收入、用户量、服务方式等方面被公认为中国首席商务资讯服务商。②

---

① 详见本书第十一章人力资本分享企业剩余的劳动分红案例研究。
② 此处参考了《中国商业评论》张一编辑的案例"慧聪：全员劳动股份制"。

劳动分红激励遵循的是物质资本主导范式下的一种虚拟的所有权与经营权部分融合形态。在这种形态中，劳动者要实现个人利益最大化，就必须努力经营或劳动，进而实现劳动者与资产所有者利益的高度一致性，达到"双赢"的目标。但在物质资本主导的大前提下，劳动分红带有资方的某种让利"施舍"性，"让利多少、让利多久甚至让利与否"全凭资方说了算，劳动者心里是不踏实的。

（四）人力资本入股实践形态

人力资本入股是指企业人力资本所有者以其人力资本折股投入企业，按投入企业的人力资本股份份额多少领取股利（在企业盈利时）并承担有限责任的一种创新企业组织制度。

目前，上海、浙江、江苏、青海、湖北武汉东湖等地已允许人力资本入股，直接参与企业的投资、注册、经营。早在 2005 年 3 月，上海浦东新区率先试行《人力资本出资办法》规定，[①]人力资本作价出资的金额不得超过公司注册资本的35%；股东应当将人力资本的出资方式、作价方式以及其他股东对人力资本出资部分承担连带责任等事项在公司章程中予以载明；人力资本应当一次性作价入股，不得重复入股。截至 2005 年底，上海市工商局浦东新区分局已核准人力资本出资企业 37 户，人力资本出资 3094 万元。这些运用人力资本出资方式开办的企业，基本上都是以制造、软件开发、生物医药、药物开发为主的创新创意产业类企业，且大都集中在浦东的高科技开发园区内，企业规模也以百万元及以下的居多。浙江宁波市工商局 2005 年 7 月出台的《关于促进宁波经济发展的若干意见》指出，引导和支持管理人才、技术人才、营销人才以自主知识产权和其他财产权利出资兴办企业；经其他合伙人同意，也可以人力资本入股兴办合伙企业。放宽知识产权、非专利技术作价出资的比例，知识产权、非专利技术作价出资的金额可以达到公司注册资本的70%。包括专利、商标权和著作权在内的所有知识产权都可以在企业设立时入股。江苏省科委、体改委规定，[②]关系企业生存发展的

---

① 详见附录 8：上海浦东新区人力资本出资办法。
② 详见附录 9：江苏省推进技术股份化的若干意见。

核心科技人员及管理人员，可以由相应资质的评价机构进行评估，采用人力资本作价入股，入股的比例不得超过总股本的 35%。江苏无锡高新区规定，凡以高新技术成果、人力资本、智力成果投资入股，其中高新技术成果作价入股超过注册资本 35%，可经股东协议约定。人力资本、智力成果作价投资入股最高可占注册资本 20%。高新技术成果和人力资本的作价可以叠加进行注册。2006 年，浙江温州出台《温州市人力资本出资登记试行办法》，试行人力资本入股政策。①《温州市人力资本出资登记试行办法》规定，以人力资本出资的企业注册资本最低限额为人民币 100 万元，人力资本出资比例不得超过公司注册资本总额的 30%；人力资本应一次性作价入股，不得重复入股；人力资本可经全体股东协商作价，也可经法定评估机构评估作价，作价后由全体股东签字同意，形成作价协议。科技管理部门对符合条件的人力资本出具《人力资本出资入股认定书》。安徽省 2012 年 3 月 26 日出台的《中共安徽省委安徽省人民政府关于建设合芜蚌自主创新综合试验区人才特区的意见》规定："人力资本作价入股政策。领军人才或高端人才，可凭借研发技能、管理经验等人力资本作价出资办企业。上述人力资本可协商作价，也可经法定评估机构评估作价。作价入股经企业股东大会或职工代表大会审核通过后，形成作价协议。注册资本中高新技术成果和人力资本的作价可以叠加进行注册。"青海省允许人力资本、智力成果作为注册资本，组建多元投资主体。具有创造能力的人力资本（管理才能、技术专长）、有转化潜能的智力成果（专利发明、技术成果）等要素可视为物化资本，作为无形资产参与投资。无形资产可占注册资本的 20%。

实践中，人力资本入股的适用对象可以根据实际情况进行灵活处理，可以是企业家、经理、技术人员和工人在内的全体人力资本所有者，也可以是部分人力资本所有者，如仅适用企业家或适用企业家、核心技术与管理人员等。人力资本入股的实质是承认了人力资本产权和企业剩余索取权的存在，从而使人力资本入股的实施对象同时具有经营者和企业所有者的身份，实现所有权和经营权部分融合。通过人力资本入股，人力资本入股实施对象成为企业重要股东之一，他们既经营自己的人力资产，也经营企业的物质资产，促使他们从个人利益出发，密切关心企业发展，追求共有资产的保值增值。

---

① 详见附录 7：温州市人力资本出资入股政策。

通过本章分析，我们可以发现在两权部分合一范式的实践中，目前主要有股权激励、动态股权制、人力资本入股三种主要形态。这三种主要形态中，经进一步分析可发现：不管是虚拟的还是现实的两权合一，股权激励和动态股权制采用的是物质资本主导下的两权部分合一范式，而人力资本入股主张的是由物质资本所有者与人力资本所有者共同主导的两权部分合一范式。在目前经济社会中普遍实行的仍然是物质资本主导下的系列游戏规则情况下，股权激励和动态股权制在目前的应用范围要来得广泛一些，其制度效能已经由国内外多年实践所验证。而对于人力资本入股，由于人力资本为一无形资本及其自身特点和现实游戏规则原因，目前的应用还受到较大限制。人力资本入股制度还有某些关键问题须要突破，如①人力资本股东的有限责任承担。人力资本股东获取股权收益必须承担有限责任是保护债权人和物质资本股东等利益相关者权益的要求，如何在两层含义上履行财产上的有限责任需要深入探讨。②人力资本股权流转。股权流转是股份制的内在要求，但人力资本所有者不管以哪种形式退出企业，其投入企业的人力资本都将随之流出，人力资本所有者不可能再转让其已不存在于企业的人力资本股权，怎样实现人力资本股权流转需要深入研究。③企业会计制度改革安排。需要重构一套保障人力资本与物质资本具有均等机会和权力分享企业剩余并兼顾各利益相关者利益的会计制度体系。④公司治理结构重构。需要重构传统公司治理结构，建立一套以物质资本和人力资本为基础，均衡劳资利益的新型公司治理结构等。随着上述问题的突破，以及传统的由物质资本主导游戏规则的改变，其应用将会越来越广泛。我们也相信，随着时代的发展，两权部分合一范式的实践将更加绚丽多姿。同时，我们也有理由相信，两权部分合一范式还将不断演变，其演变进程具体可以分为三个阶段：初级阶段是物质资本主导下的两权部分合一；中间阶段是物质资本与人力资本共同主导的两权部分合一；高级阶段是人力资本主导下的两权部分合一，这也是"两权分离"的最高境界。

第六章　劳动所得均衡比重的界定

由于物质资本的量化已较为成熟，本书拟将兼顾企业劳资利益的劳动所得均衡比重的科学界定问题转化为"总量人力资本计量和单个人力资本计量"问题。具体在分析经典人力资本理论有关人力资本量化模式的巨大缺陷的基础上，提出凭借市场机制来进行人力资本科学量化的新模式，并运用该模式对人力资本进行了虚拟案例量化。

一、经典人力资本量化模式的缺陷

诺贝尔奖获得者舒尔茨的经典人力资本理论认为，资本分为物质资本和人力资本两种。人力资本是体现在劳动者身上的，以劳动者的劳动数量和质量表示的资本。人力资本有内在表现和外在表现两种表现形式：内在表现为劳动者的劳动能力，外在表现为投入企业运行中的活劳动。经典人力资本投资理论认为，人力资本大小是可衡量的，其大小等于对人力的投资额。人力投资的内容主要包括：①用于教育、训练的支出。通过教育、训练可以提高人的知识水平和文化修养，从而提高劳动者的工作能力、技术水平和劳动熟练程度。②用于医疗、保健的支出。医疗、保健可以降低婴儿死亡率，增加未来劳动者的数量，减少疾病和死亡，延长人的寿命和工作年限，提高身体素质，从而增强劳动者工作能力。③用于劳动力合理流动的支出，将人力资本迁移到就业机会较好的地点也可看作是一种资本积累的过程。

舒尔茨的"人力资本"理论冲破了传统的发展经济学把发展中国家的人口、劳动力看作障碍，只重视物质资本投资的观点，强调并崇信人力资本在发展中的决定作用。它摒弃了劳动只是单纯的体力耗费而无须重视智能的陈旧观点，坚决主张把提高人的质量的一切费用当作人力资本生产性投资，强调体能与智能结合，因而人力资本投资理论具有其积极和合理的方面。但是我们必须清醒地认识到，将教育、培训成本、医疗保健和迁移费用等用以形成和完善劳动力的各种支出与人力资本量等同起来有着其巨大的局限性。主要理由如下：①投资并不是人力资本的唯一来源，专业化的分工格局是人力资本量积累的现实基础。卢卡斯的研究认为不脱离生产岗位，通过"边干边学"也能形成人力资本。在现实生活中这种立足岗位"在实践中学"的现象并不少见。"干中学"者绝大部分是通过他们的艰辛体力或脑力劳动而获得相当的工作能力、经验，而进行的货币投资一般较少有时甚至根本没有。这种情形，按照经典人力资本投资理论因其所付出的有形费较少或根本没有，则该劳动者的人力资本量应很少，这显然不符合实际，也是极不公平的。②人是具有禀赋的，并且一般说来，不同的人所具禀赋很不相同，这一点是客观存在的，不以人们的意志为转移，也早已为理论界和实践界所认可。各人所具禀赋的不等性导致了对不同的人进行相等的人力资本投资不可能取得同等的劳动能力大小即相等名义人力资本量。同样道理，一般地，劳动能力大小相同即名义人力资本量相等的劳动者，他们所支付的人力投资额是不相等的。这就存在一个人力资本量与人力投资额不符的不可回避的矛盾。因而，以投资额多少作为人力资本量是不妥的。③人具有主观能动性，假定两个人具有相同的禀赋，也假定按照经典人力资本投资理论对他们进行了相等的人力投资，由于二者的主观努力程度不同也完全可能导致二人所具备的人力资本量的不同，甚至相去甚远。

通过上述分析，我们不难发现，以人力投资额多少作为人力资本量有着巨大的局限性，究其原因，就在于该理论只机械强调了投资多少而忽视了投资效果，也忽视了人的不同禀赋和主观能动性的存在。

二、企业人力资本量化模式新构想

要对人力资本进行精确量化，理论上可以采用式（6-1）：

$$L = K \sum_{i=1}^{n} \eta_i \cdot t_i \tag{6-1}$$

式中，L 为人力资本量；K 为人力资本系数；η_i 为人力资本潜能系数，$\eta \in$ [-1，1]；t 为劳动者每个工作日的有效作业时间；n 为一年或一月中，人力资本所有者作业的工作日数。

式中既考虑了投资、禀赋、主观能动性对人力资本量的最终影响（主要通过 K 来反映），又同时注意了人力资本所具有的"伸缩性"特点（主要通过 η_i 潜能系数表示），因而具有其科学性。但是，因为人力资本系数 K 和人力资本潜能系数 η_i 在实践中很难准确测定或根本无法测定，故式（6-1）只能停留在理论上进行分析。要成功解决人力资本科学量化问题，还需另辟蹊径。蹊径何在呢？我国现在推行的社会主义市场经济为蹊径的开辟奠定了坚实的现实基础。我们可考虑通过充分利用市场这只"看不见的手"来解决企业人力资本科学量化的难题。企业人力资本量化新模式构想分为单个人力资本量化和群体人力资本量化两个部分。

（一）单个人力资本量的确定

单个人力资本的量化思路为：在假定市场完善和灵敏的条件下，首先，由市场决定企业不同岗位劳动者，并确定其市场"工资"；其次，由市场"工资"还原成名义人力资本量；最后，运用科学方法考核评价劳动者实际投入企业的人力资本量。

1. 单个名义人力资本量的确定

前面已经分析指出了经典人力投资理论以对人力的投资作为人力资本量的这种人力资本量化模式存在着很大的局限性，要想克服这种局限性就必须借助市场的力量。在假定市场机制比较灵敏、完善的条件下，单个人力资本的计量如同其他无形资产计量的道理一样，完全可采用一定的方法并通过市场定价来完成。

市场机制对劳动者"工资"的决定起基础作用，市场"工资"反映的是市场能公开接受的均衡人力资本价格。市场"工资"是市场对不同质、不同种人力资本与不同的岗位结合进行评价的结果。市场机制不以单个人力资本所有者进行了多少人力投资，它只认人力资本所有者的工作能力，以及人力资本所有者将要承担的岗位责任、劳动的复杂程度、劳动强度、工作环境。一个劳动者即使进行了很大的人力投资，但如果由于其天然禀赋，主观努力程度及其他因素等原因而使其具备的工作能力较低，在市场上则会理所当然地评定该劳动者的人力资本量较少。相反地，一个劳动者哪怕进行的人力投资很少，但如果他通过"干中学"取得了较高的工作能力，当他应聘到较重要的工作岗位上时，他同样能获得较高的人力资本量的市场评价结果。在人力资本市场上，一般是企业所招劳动者的人力资本要与企业岗位所要求的工作能力、工作经验等条件相匹配。企业法人与劳动者个人作为谈判的两极，首先各自根据市场行情、企业实际承受能力及人力资本的实际状况对同一的人力资本做出各自的评价，以此构成讨价还价的砝码，然后在讨价还价的基础上，彼此拍板成交，形成双方均可接受的市场名义"工资"。这种人力资本的评价由于既有广泛的社会参照系，又有利益主体双方为达到双方认可的斤斤计较，因此评价结果是较为客观、准确的。当然，在人力资本市场上，人力资本的供求关系对人力资本"价格"形成产生影响，但它并不是对人力资本价值的否定，而恰恰是它的实现形式。

假定某一人力资本所有者，经市场评价其市场月"工资"为 R，资本化率或折现率为 i（由于我国现行《劳动法》规定，工资一般应以月为计算期，故 i 亦应为月利率，如果为年利率则要把它换算成月利率），V 为人力资本量，则：

$$V = R_1/(1+i) + R_2/(1+i)^2 + \cdots + R_{12n}/(1+i)^{12n} = \sum_{t=1}^{12n} \frac{R_t}{(1+i)^t} \qquad (6\text{-}2)$$

具体到某一岗位来说，与其匹配的人力资本所有者的市场"工资"相对稳定，为简化计算，故可假定 $R_1 = R_2 = \cdots = R_{12n}$，于是式（6-2）变成：

$$V = \sum_{t=1}^{12n} \frac{R}{(1+i)^t} \qquad (6\text{-}3)$$

从单个人力资本所有者角度来分析，n 为单个劳动者工作年限，一般是20~30年。由于 $n \in [20, 30]$，12n 较大，故取 12n 为无穷大也不会对 V 的结果产生多大影响，为简化计算，可近似取 12n 为无穷大。从企业持续经营的角度出发，理论上企业预期寿命可达无穷大，它不因人力资本所有者出现辞职、死亡而中断，故我们可取 12n 为无穷大。于是人力资本量化公式最后演变成：

$$V = \sum_{t=1}^{\infty} \frac{R}{(1+i)^t} = \frac{R}{i} \qquad (6\text{-}4)$$

折现率 i 的大小直接决定人力资本量的大小，因此科学确定折现率显得非常重要。折现率相当于物质资本收益率。每个行业、每个企业都有具体的收益率。因此，在选择折现率时，应该对该企业历年收益率进行分析得出历年平均收益率

i_1，同时还应与市场上同行业的资金收益率 i_2 对比分析，然后取折现率 $i = (i_1 + i_2)/2$。我们必须注意，最终选择、确定的折现率 i 不能低于国家债券或银行存款利率 i_0。当 i 低于 i_0 时，取 $i = i_0$，当 i 高于 i_0 时，则取 i 值为最终折现率。我们必须同时注意的是，由于我国现行《劳动法》中规定工资支付方式一般应该按月支付，我们市场上的"工资"也一般是月"工资"，故这里的折现率 i 应为月折现率，如果通过计算得出的是年折现率则必须除以 12 得到月折现率。

2. 单个实际人力资本量的确定

人力资本具有"伸缩性"这样一个显著特点。也就是说，同一个人力资本所有者在相同的时间里，由于所从事岗位及个人主观能动性的差异，其所投入企业的实际人力资本量亦会产生差异，有时甚至相去甚远。所以在市场上进行"谈判"能够得到的评价结果只能是对人力资本内在表现量即人力资本潜在量的评价结果。它并不能反映人力资本外在表现量即现实活劳动量，从而由公式 $V = R/i$ 得出的人力资本量只能是名义量，我们在确定人力资本量时必须以实际人力资本量为准。只有这样，才能维护企业各投资者的权益，防止不劳而获或少劳多获的"懒惰"、"投机"现象，纠正多劳少获的不正常现象，在实际工作中，真正体现公平。

要确定人力资本的实际投入量，唯一可行办法是在市场评价的基础上再通过考核人力资本所有者在工作中的实际表现与预先设定的多项评价指标进行比较，看其实际付出量是否与市场评价量相符，如有差异，则定量分析出差异是多少。

（二）群体人力资本的量化

群体人力资本量化思路为：在企业科学定编定员的前提下，群体人力资本量等于各单个人力资本量的总和。

在实行"动态股权制"企业组织制度创新时，对企业进行科学定编定员是非常必要的。首先，它是实行"动态股权制"制度创新能否取得预期效果的一个重要前提条件。因为，长期以来，由于各种原因导致我国企业特别是国有企业中富余人员比较多，如果不进行科学定编定员，让富余人员留在企业与物质资本投入者一起来分享企业利润，则既损害了企业物质资本投入者的利益，也使企业其他人力资本所有者的利益受到影响。因为让这些富余人员继续留在企业，必然会造成僧多粥少的局面；同时，这种做法也无疑造成了人力资本的巨大浪费。其次，对企业进行科学定编定员能为企业不断改善劳动组织提高劳动效率提供条件。科学合理地编制定员能促进企业不断地改善劳动人事组织，合理地设置组织机构，合理地进行劳动组合，克服机构臃肿、人浮于事、效率低下的弊端，从而有效地提高劳动生产率，进而提高企业的经济效益，使企业每位股东的收益增加。这既是企业发展、社会进步的客观需要，也是"动态股权制"企业组织制度创新的初衷。

为了做好定编定员工作，应遵循下述原则：①定员必须以实现企业的生产经营目标为中心；②定员必须以精简、高效、节约为目标；③企业各类人员都应建立岗位责任制，明确每一个生产、工作岗位的职责；④根据生产技术和业务工作的要求，不仅要规定用人的数量标准，而且要规定用人的质量标准。质量标准主要是规定从事该岗人员必须具备的学历、能力、工作经验或受到的某种专门训练以及技术职称、技术级别等任职条件。实践证明，没有严格的质量标准，数量标准就无法落实，只有按照质量标准量才用人，才能发挥企业人力资本所有者的特长，做到"人尽其才"。

三、单个人力资本量的量化示例分析

（一）量化考核原则

第一，要建立一套科学、合理的劳动考评指标及考评标准。考评指标和标准只有科学合理，才能既准确衡量人力资本所有者所投入企业的实际人力资本量，又利于考评工作的顺利进行。第二，必须坚持定量与定性方法相结合，严格实际劳动考评工作，将考评过程和结果公开化，接受群众监督。对于实际活劳动的各项考评指标能够量化的一律用量化的标准，因为量化的指标可比性好、说服力强、不易产生异议。对于不能量化的指标也应有评价口径一致的定性衡量标准，如优、良、一般、较差、差等。只有将考核指标尽的定量化并将考核过程和结果公开化接受群众监督，才可有效消除过去考评工作仅凭领导和人事部门的主观印象打分的弊端，实际人力资本付出量的考评具有科学性和权威性。第三，实际人力资本的量化工作必须制度化，不能搞抽样检查。企业应设置相应的组织机构。为增强该组织机构的权威性，可考虑将该机构隶属董事会直线领导，该组织机构只对董事会负责。小组人数可定为 10 人或 20 人，组成人员应有专家、工人代表、管理人员代表、技术人员代表及物质资本所有者代表。只有这样，才能使人力资本量化工作排除种种干扰，使之成为一种类似于"工作日写实"的有组织领导，有规章制度可循的程序，成为科学严格的企业管理的基础工作。

（二）具体量化方法

由于对于岗位活劳动的复杂程度、精确程度、责任大小、繁重程度及工作环境等因素在市场决定名义人力资本量时已经考虑，故在具体确定实际人力资本量时不应再重复考虑。而只能对劳动者的实际工作表现进行考核。在具体设置考核指标时，可参照岗位要求设置如下指标：①工作能力实际表现（主要指操作能力、劳动熟练程度、组织能力、决策能力、协调能力、创造能力、综合能力的实际表现。不同岗位考核的侧重点不同，如对于一般工人偏重于操作能力、劳动熟练程度考核，而对于企业家，则侧重于决策、创造、组织、综合能力等的考核）；②工作数量指标；③工作质量指标（主要指完成任务的好坏、合格率、次品率、安全文明生产等）；④工作效率（主要指完成工作的快慢程度、物耗率等）；⑤工作态度（主要指出勤即迟到、早退、旷工现象及是否服从安排、工作的积极主动性等）；⑥工作时间，为增大考核准确度，可考虑以小时为计算单位。具体考核时须参照我国现行《劳动法》规定的每天工作 8 小时，每周工作 40 小时，法定假日休息的工作标准。超过该标准的算加班时间，加班时间如在平时则乘以系数 1.5，如为星期六、星期日则乘以系数 2.0，如为春节则须乘以系数 3.0（这也是我国现行《劳动法》工资支付规定所决定的）。通过这种换算可把实际加班时间换算成标准加班时间。如果劳动者平时有缺勤，须把标准加班时间对缺勤时间进行弥补，通过该种办法，可得到劳动者的有效实际工作时间（已考虑了标准加班时间），从而可得到时间系数 k=月有效实际工作时间÷月按规定应工作时间。由于工作时间直接反映劳动者的人力资本的实际投入量，故该指标应在前面五项指标评价得出的结果基础上再单独进行。

（三）示例分析

在考核指标及标准定出后，我们可运用模糊数学理论对单个具体人力资本量做出评价。这种方法可以结合下面的一个实例来说明：

第一步，假定该企业某一部门经理，经市场评价，其每月市场"工资"为 $V = 5000$ 元，通过参考同行业利润率及该企业历年利润率综合得出年折现率为 12%，则 $i_月 = 12\% \div 12 = 1\%$；于是根据前面所得出的公式 $V = R/i = 5000 \div 1\% = 500000$ 元，即为名义人力资本量。

第二步，确定实际人力资本付出量。

表 6-1   实际人力资本各项指标评价

评语 评语分值 考评指标	优 1000	良 800	一般 600	较差 400	差 200
工作能力	0.7	0.1	0.1	0.1	0
工作数量	0.1	0.9	0	0	0
工作质量	0.4	0.3	0.1	0.1	0.1
工作效率	0.3	0.5	0.1	0	0.1
工作态度	0.6	0.1	0.2	0.1	0

（1）确定评价实际人力资本量的各项指标。这里分为工作能力、工作数量、工作质量、工作效率、工作态度五项指标。

（2）给出评价各项指标的评语：优、良、一般、较差、差，并给出确定各项评语的具体标准，能够定量化的尽量给出定量标准。

（3）确定各评语的分值，这里设为 1000 分、800 分、600 分、400 分、200 分，在实际中可根据需要另行设定。

（4）确定各项指标的权重，如果平等看待这五个分项指标，则其权重向量为 $A = (0.2, 0.2, 0.2, 0.2, 0.2)$。在实际工作中，可根据需要另行设定。

（5）由董事会直线领导下的人力资本评定小组成员按照给定标准各自对该人力资本进行评价。例如，按照标准，某小组成员如果认为该部门经理的工作能力为一般，则在表 6-1 相应位置上画上"√"即可，其余各项指标的评价与此相同。

（6）对评价小组成员的评价进行统计，其统计结果填入表6-1。表6-1第一行数值表示同意该部门经理工作能力为优的占70%（即0.7），良的占10%（即0.1），没有人认为该部门经理工作能力差，故在差的位置下记0。其余各项的数值也相仿。表6-1各行、各列的数值构成了模糊评价矩阵，记为R。

（7）计算上述结果。其公式为：

$$B = A \cdot R \cdot (1000 \quad 800 \quad 600 \quad 400 \quad 200)^T$$

$$= \begin{bmatrix} 0.2 & 0.2 & 0.2 & 0.2 & 0.2 \end{bmatrix} \begin{bmatrix} 0.7 & 0.1 & 0.1 & 0.1 & 0 \\ 0.1 & 0.9 & 0 & 0 & 0 \\ 0.4 & 0.3 & 0.1 & 0.1 & 0.1 \\ 0.3 & 0.5 & 0.1 & 0 & 0.1 \\ 0.6 & 0.1 & 0.2 & 0.1 & 0 \end{bmatrix} \begin{bmatrix} 1000 \\ 800 \\ 600 \\ 400 \\ 200 \end{bmatrix} \qquad (6\text{-}5)$$

其中，A·R按"有界和⊙与普通实数乘法"算子原则计算，则

$$B = (0.42, \ 0.28, \ 0.1, \ 0.06, \ 0.04)(1000 \quad 800 \quad 600 \quad 400 \quad 200)^T$$

$$= 736$$

所以该部门经理的最后得分为736分，而满分即五项考核指标全部为优时为1000分（这亦可通过上式算出），故在刚好满勤的情况下，该部门经理实际投入的人力资本量为500000×0.736＝368000元。

（8）假设该考核月应有22个工作日，而该部门经理该月有效实际工作时间（已考虑标准加班时间）为200小时，则该部门经理该考核月工作时间系数k＝200/（22×8），其最终实际投入人力资本量为368000×k＝418180元。

（9）对企业各个劳动者所投入的最终实际人力资本量都仿照上述过程，计算得出。

为了提高评判小组工作效率，上述计算可借助电子计算机完成。

必须指出，本书的人力资本量结果是人力资本量的近似值而非真实值。它是在假定市场机制比较灵敏、完善的条件下，通过人力资本在使用过程中对其绩效的评价加以衡量确定的，因此不可避免地含有一定的主观成分。但是，随着我国市场体制的不断完善，加上我们可通过评价指标体系的优化、考评操作的"公开、公平、公正"化等途径不断实现帕累托改进，使人力资本量评价结果不断逼近其真实值。

第七章　人力资本股东收入模式的理论基础探究

由于人力资本通过入股分享企业剩余的分配制度为一种新生事物，现在人们对于该制度创新下企业人力资本股东收入来源是否像物质资本股东一样仅局限于股利收入（在企业盈利时）这一操作问题缺乏清晰认识，已严重影响了人力资本入股分配制度的操作进程。本章借助资本保全理论与马克思的劳动力再生产理论分析探究了人力资本折旧问题，科学回答了企业人力资本股东收入模式问题，答案为：人力资本股东不仅可像物质资本股东一样按投入企业的人力资本股份份额多少获取股利收入（在企业盈利时），还可按月领取人力资本折旧费（相当于工资），人力资本折旧费具体包括三部分：一是维持劳动者自身生存所必要生活资料费用；二是维持劳动者繁殖后代所必要生活资料费用；三是维持劳动者接受教育和培训所支付费用的磨损摊销额。

一、折旧的本质与人力资本折旧

（一）资本保全与折旧

要探讨企业人力资本折旧问题，我们首先必须弄清楚企业物质资本是怎样折旧的。

折旧这一概念起源于资本保全理论。资本保全理论是资本本身的衍生物。按照政治经济学的观点，作为生产要素之一的资本属于现代经济的社会关系范畴，执行着价值增值职能。运动是资本的天性和生命之源，货币资金只有通过资本运动并变成企业的组成物时，才能使货币转化为资本。资本之所以为资本，是因为资本的本质是能实现价值增值的价值，而价值增值的前提是价值保值——资本保全，即资本内在地要求其自身首先得到保全，这便是资本保全的理论渊源。

从现代企业制度来看，现代企业资本所有权与资本经营权实现了彻底分离，企业法人成为所有者投入资本的人格化所有者，即企业拥有包括所有出资者投资形成的法人财产权，并借此享有民事权利，承担民事责任。由于股东只以其出资额或所持股份为限对公司承担有限责任，为保障债权人利益及维持法人资本增值能力，法律上也要求企业资本能得到保全。保全资本的根本目的是为了维持资本组织的价值增值能力，而资本保全的主要实现途径是通过提取折旧。

（二）企业物质资本折旧与企业人力资本折旧

物质资本在使用过程中不断发生磨损，它的价值逐渐转移到企业产品中去，为了保全企业资本，维持企业再生产能力，于是企业从销售收入中划出一块以实现物质资本的价值补偿。物质资本因磨损而发生的价值转移称为折旧。以货币形态表现的价值转移数额称为折旧费。

物质资本主要指企业固定资产，其磨损分为有形磨损和无形磨损两种。有形磨损是指固定资产由于使用或自然力的作用逐步降低和丧失其使用性能。无形磨损是指由于劳动生产率提高或科学技术进步引起的固定资产价值的损失。无形磨损又分为两种情况：一是由于劳动生产率的提高，生产同样性能的生产设备成本降低，价格下降使原有设备的价值相应降低造成的损失；二是由于科技进步出现新的效能更高的设备，再使用原有设备不经济，不得不提前报废所造成的损失。无论是哪种无形磨损都是科学技术发展进步所引起的资本相对价值损失。

传统折旧理论认为，折旧的存在前提条件即必须存在磨损（有形磨损或无形磨损），提取磨损费的目的或折旧所起的本质作用是实现资产磨损的价值补偿，保全投资主体所投入企业资本、保障企业资本价值增值的能力。这两点基本理论无疑是正确的，但在折旧概念的外延上有其局限性，即折旧理论仅局限于物质资本的分析。随着 20 世纪 60 年代经济学诺贝尔奖获得者西奥多·舒尔茨现代人力资本理论的提出，传统折旧理论的局限性日益显露出来。现代人力资本理论认为，资本分为物质资本和人力资本，前者是体现在物身上的资本，后者是体现在劳动者身上以劳动者的劳动数量和质量表示的资本。物质资本内在地要求自身得到保全，人力资本亦不例外。人力资本保全观下，保全的是人力资本创造价值的能力，它是通过恰当地补偿劳动消耗而实现的。一般地，人力资本保全包括体力资本保全和智力资本保全。

实际上，在企业运转过程中，投入企业的人力资本也确实存在有形磨损或无形磨损。企业人力资本所有者在劳动过程中其人力资本逐渐转移到企业产品中去，同时人力资本所有者伴随着巨大的体力和脑力的消耗，这表现为人力资本的有形磨损。随着科技的进步，企业人力资本所有者拥有的知识、技能出现老化，而且，现代科学——技术——生产的周期不断缩短，不仅使企业的物质资本更新速度加快，也使知识、技能老化的步伐加快，这表现为人力资本的无形磨损。为了保全投入企业的人力资本，企业人力资本所有者必须使不断遭磨损的人力资本得到及时动态补偿。人力资本遭磨损后如不予以及时补充，企业人力资本创造价值的能力势必下降甚至丧失，这时，即使通过提取物质资本折旧费保全了物质资本，企业也不能进行正常运转、持续经营。从上述分析中可以看出，从折旧产生的前提条件及折旧费所起的本质作用来看，投入企业的人力资本亦存在折旧问题。随着这个观念的树立，传统折旧概念的外延得到了延伸或扩展。

二、人力资本折旧费的量化与管理

（一）人力资本折旧费的量化

投入企业的人力资本折旧费究竟该如何量化呢？笔者认为，由于人力资本的特点，这个问题的科学回答仍需要借助于马克思的有关劳动力再生产理论，通过科学测定构成劳动力的再生产费用，来求得人力资本折旧费大小。借助马克思的有关劳动力再生产理论可分析出劳动力再生产费用即等于人力资本折旧费。

马克思的劳动力再生产理论认为，企业人力资本所有者要保全投入企业的人力资本，不断地再生产遭磨损的人力资本来，他们就必须获得衣、食、住、行各种必要的生活资料；必须赡养一个家庭，以保证人力资本的供应不因随着时间推移人力资本所有者出现衰老、死亡而中断；还必须接受教育和培训，不断进行知识更新以弥补不断加剧的人力资本无形磨损。故人力资本的折旧费是由下列因素费用决定的：一是维持劳动者自身生存所必要生活资料费用；二是维持劳动者繁殖后代所必要生活资料费用；三是维持劳动者接受教育和培训所支付费用的磨损摊销额。其中，第一部分费用是弥补人力资本因使用而引起的有形磨损的需要。第二部分费用用于弥补由自然力引起的人力资本磨损部分。第一、二部分费用以企业人力资本所有者所处时代、社会以及企业所在区域的平均值为准。同时，该平均值是一相对动态量，受通货膨胀等因素影响而相对变动。由于采用的是社会平均量，故对所有处在同一时期、同一区域的人力资本所有者来说，这两项费用是相同的。第三部分费用是补偿人力资本无形磨损部分的需要。对于不等的人力资本，该部分折旧费用亦不相等。由于现实中，企业多实行月工资制，所以本书计算该部分折旧费用亦采用月折旧方式，其具体计算方法为：该部分费用＝该类人力资本所有者所受教育、培训平均费用÷(该类人力资本所有者一生中为社会平均工作年数×12)，式中"12"表示12个月。第一、二、三部分费用总和构成了人力资本名义折旧费。在具体核定名义折旧费时要参考我国现行《劳动法》中所规定的最低工资标准。名义折旧费不能低于我国现行《劳动法》中所规定的当地最低工资标准。如果低于，则取我国现行《劳动法》中所规定的当地最低工资标准为名义折旧费。与名义折旧费相对应的是人力资本实际折旧费。实际折旧费＝人力资本所有者当月实际工作日数÷当月应工作日数×名义折旧费。在最后核定人力资本折旧费时要以实际折旧费为准。在会计处理中，可把人力资本折旧费视为传统意义上的工资，作为制造费用或管理费用计入企业成本。

(二) 人力资本折旧费的支付方式

从提取折旧费的目的出发，笔者认为人力资本折旧费应逐月支付给企业人力资本所有者 (这样从发放形式上看，可把人力资本折旧费视为传统意义上的工资)，因为若人力资本折旧费交由企业法人掌管，则人力资本所有者不可能获取自身和家庭成员生存所必要的生活资料，从而也就不可能再生产出被磨损的人力资本来，企业亦将不能保持其再生产能力。对把人力资本折旧费交由人力资本所有者直接掌管支配有人也许会提出异议，他们会问为什么现在企业的固定资产折旧费都是由企业法人掌管而非由企业的投资者掌管呢？这个问题表面上看来确实如此，但从提取折旧费的目的及折旧费所起的本质作用来分析，二者并不矛盾，而恰恰是完全相通的。现阶段企业固定资产折旧费的提取和管理的逻辑运行过程本来面目应该如下：

①企业法人把固定资产折旧费提取出来——→②把折旧基金交给企业投资主体——→③为保全企业资本完整，投资主体又把折旧费重新投入企业——→④折旧基金重由企业法人掌管。

在现阶段企业折旧费提取掌管运行过程中，为了使企业能够及时获得固定资产更新所需资金，减少中间环节便省去了第②和第③两个步骤。由此可见，固定资产折旧费首先亦是交付给企业投资者，然后再由企业投资主体把折旧费投回企业。而人力资本折旧费的提取运行过程，实行的是人力资本所有者在收到折旧费后及时投于自身。由于人力资本和固定资产各自不同的特点决定了人力资本折旧费的管理方式只能是磨损一部分马上补充一部分，而固定资产折旧费的管理方式是实行多次磨损弥补费用汇总后再进行总的更新，二者的目的都是保全所投入企业资本。二者并没有本质区别，只是实现形式相异罢了。

回顾我国企业固定资产折旧基金管理制度的变迁历史，也可印证上述固定资产折旧费管理的逻辑运行过程。我国企业固定资产折旧基金管理制度经历了多次变革。1966 年以前，国营企业提取的折旧基金全部上缴国家财政，当固定资产报废需要更新时，通过主管部门向财政申请，由财政以拨款方式供应；1967 年以后，地方国营企业折旧基金全部归企业留用，企业更新改造所需费用国家不再拨款，中央企业上缴一部分折旧基金给国家财政统筹使用，剩余的折旧基金留归企业；1978 年起，实行五五分管办法，即企业固定资产在百万元以上的，计提 50%留给企业用于固定资产的更新和技术改造，50%上缴国家财政，由国家安排使用。为了扩大企业自主权，增强企业自我改造自我发展的能力，之后企业提取的折旧基金上交国家部分逐步减少，直至 1986 年折旧基金全部留给企业。为了规范折旧的提取和管理，1988 年 4 月，国务院发布了《国营企业固定资产折旧试行条例》，明确了折旧的提取范围，折旧基金的使用、管理和监督办法。由此可见，折旧费是交付给企业投资主体还是留归企业法人掌管并非很重要和一成不变的，关键是看折旧费是否真正用于弥补被磨损的资本上。

通过上面对企业人力资本折旧的论证分析，我们可清晰地知道，在人力资本出资制度创新下企业人力资本股东的收入模式为：人力资本股东不仅可像物质资本股东一样获取股利收入（在企业盈利时），还可按月领取一份工资（相当于人力资本折旧费）。由于人力资本与其所有者天然不可分离的特性，实际中，如果出现企业人力资本所有者中途离开企业，则其所持人力资本股亦退出企业。但企业为持续发展需要，会另外聘用合适企业人力资本所有者进行替代，这实际上实现了人力资本股的另类流转。在出现企业人力资本所有者中途离开企业时，退出者的收入也同样分为两部分：第一部分为按退出当月实际工作日数领取实际折旧费（类似于传统意义上的退出当月工资）；第二部分为按人力资本实际投入量获取的股利收入（在企业盈利时）。当然，由于企业经营业绩核算与股利分配周期一般为一年、半年或一季度，在具体派发时间上可能与企业人力资本所有者中途退出时间不同步，出现滞后，但只要人力资本出资制度或企业与人力资本退出者在离职协议明确了届时按"公开、公平、公正"原则核算与派发股利收入（在企业盈利时），即使出现滞后也并无大碍。

第八章 人力资本流动性及其股东有限责任研究

自由流动是资本的本质属性之一，而有限责任原则是现代股份制的一个重要基本特征，承担有限责任也是人力资本股东的基本义务与责任。本章研究了人力资本流动性及人力资本股东有限责任两大问题。关于人力资本流动性问题，具体研究了两种形式的企业人力资本流动：一是人力资本对企业的流入与流出；二是人力资本在企业内部的流动。关于人力资本股东有限责任问题，由于人力资本为一种无形资本，在财务上直接履行有限责任存在很大障碍，为克服障碍，本章提出和分析了三条具体的制度安排设计思路：一是引入人力资本担责救济机制；二是建立人力资本承担有限责任的赔付备用基金制度；三是引入人力资本保证有限责任制度安排。

一、人力资本流动性研究

（一）人力资本流入或流出企业的探讨

自由流动是资本的本质属性之一。人力资本作为一种与物质资本相对应的资本，其流动性是客观存在的。如果以企业作为一个研究系统，则企业人力资本的流动包括两种形式：一是人力资本对企业的流入与流出；二是人力资本在企业内部的流动。这两种形式的人力资本流动都将给人力资本出资企业和股东产生重要影响。

1. 人力资本流入企业的探讨

企业经营客观上总是处于动态变化之中，随着外部市场的变化，其业务结构或范围不得不做及时调整。为满足企业经营需要，相应地，也必须同步调整企业内部组织结构，这种调整不可避免地导致人力资本出资改制企业的初始设置岗位发生变化，包括岗位在数量上的增减及某些岗位加强或削弱等。岗位数量增加的结果是，新的人力资本流入企业。而某些岗位的加强，将伴随着对所配置人力资本所有者能力要求的提高，导致原本和谐的"人"、"岗"匹配出现矛盾，矛盾的解决途径无外乎两条：一条途径是加强培训提高在岗人力资本所有者素质；另一条途径是必要时从外部人力资本市场吸收更合适的人力资本所有者进入企业替代在岗者。对于因岗位数量增加而导致的人力资本流入，是一种"增资（人力资本）扩股"形式，改制企业的名义总股本是增加的。而对于岗位结构调整而出现的人力资本流入，改制企业的名义总股本是否增加则不能一概而论，要视人力资本增量（等于流入对流出的差额）而定，如果增量为正，总股本增加；反之则相反。

2. 人力资本流出企业的探讨

从企业法人角度来看，由于信息不对称及人力资本的自身特点，从人力资本市场招聘进入企业的人力资本所有者在实际工作中的表现可能与企业预期目标相去甚远，无法胜任企业某岗位工作，也不能配置在企业其他空缺岗位工作，则该人力资本主动或被动流出企业对企业来说不失为一种好的选择。从企业股东角度来看，企业实行人力资本出资改制后，企业将拥有多个物质资本股东和人力资本股东，虽然每个股东都有使企业达到最佳状态的良好愿望，但由于个人价值取向和思维方式的不同，当企业决策者意志与少数股东不相容时，此时，少数股东将产生主动脱离企业的愿望。这时，企业法人如不能满足其愿望必然会出现不稳定因素，达不到物质资本和人力资本配置的和谐统一。另外，人类作为一个整体其寿命是无止境的，但具体到作为自然人的人力资本股东个体来说，客观上受着自然生理规律的支配，不可避免地要从企业中途或最终（如健康、年老退休、死亡等原因）退出。作为一家股份制性质的企业，物质资本股东和人力资本股东都有履行保全企业法人资本完整的义务。对于物质资本股东来说，如果想从企业抽身，则通过物质资本股权转让很容易实现。但是，对于人力资本股东来说，由于人力资本和其所有者的不可分离性，不管人力资本所有者以哪种形式退出企业，其投入企业的人力资本都将随之流出，任何人力资本所有者不可能同时做到作为活生生的载体离开了企业，而又把所拥有的人力资本转让给其他投资者让人力资本仍留存于企业。不过，由于人力资本也同时具有可相对替代性的特点，人力资本股权流转还是可以通过变通得到解决的。具体办法是：人力资本所有者主动或被动退出企业时，提前一段时间（一般可为一个月）发出信号，在这段时间内，人力资本所有者在履行其工作职责、保障企业正常运转的前提下，另寻发展机会。而企业为持续发展需要，另外聘用合适企业人力资本所有者进行替代，这实际上实现了人力资本股的另类流转。

（二）人力资本在企业内部流动的探讨

人力资本在企业内部经常流动主要是由于以下三个原因：①市场经济是一种信息不对称经济，企业法人在人力资本市场招聘员工时，不可能确切掌握所招聘员工全部信息。从而难免会出现所招聘员工"大材小用"或"小材大用"情况。并且是否出现了上述情况只有在人力资本所有者进入企业表现一段时间后才能被发现。为了实现企业的高效运作及人尽其才，必然要求企业法人对"人"、"岗"匹配的偏差给予纠正。纠正的主要办法之一是进行人力资本在企业的内部流动。②在市场经济环境中，每个企业都面临着市场竞争压力，企业法人为求生存与发展，其内部组织结构必须及时响应市场变化而进行调整。组织结构调整的过程也就是人力资本在企业内部流动的过程。必要时，企业还需要从企业外部引入人力资本。③一般地，人力资本的内在表现即其载体的工作能力是个人努力、生理状况以及时间等变量的函数。随着时间的推移，人力资本所有者的能力会不断变化。变化的结果有两种情形：其一，部分人的工作能力得到显著扩张，这时只有把其调整到更高级别岗位才能充分发挥其潜能；其二，部分人的工作能力得到萎缩，这时需要及时将其下调到所需能力较低的岗位，直至下岗。

由上可知，人力资本的内部流动是由人力资本在企业内部重新配置而引起的。人力资本内部流动表面上带来的是人员岗位的调整，在深层次上伴随着的是与其股东利益紧密相连的人力资本名义股本大小的变化调整。当人力资本所有者从低岗位配置到高岗位时，人力资本名义股本得到加大；反之亦相反。这里，之所以说是名义股本是因为人力资本量的实际大小是由其外在表现量即人力资本的现实付出量决定的。一个从事高岗位的高能力劳动者如果主观努力缺失或工作时间很短，其实际人力资本量即劳动付出量当然不可能很大。

二、人力资本股东的有限责任研究

有限责任原则是现代股份制的一个重要基本特征。人力资本出资后，人力资本所有者和物质资本所有者均成为了企业股东，二者共享了企业剩余，当然也必需共担风险，承担有限责任。否则，将无疑损害企业物质资本股东的利益，有悖于公平原则，同时人力资本股东的权利和责任不对等，容易滋生许多人力资本所有者的不负责任行为，也很难使企业人力资本股东珍惜其所得到的部分企业剩余索取权。由于人力资本为一种无形资本，加上人力资本出资为一新生分配制度，该分配制度创新下企业人力资本股东能否承担有限责任以及怎样承担有限责任的问题还没有得到妥善解决，很有必要就企业人力资本股东的有限责任承担问题展开深入探究。

(一) 人力资本能否承担企业风险的探究

关于人力资本能否承担企业风险，学术界存在两种截然不同的观点：反对者认为，由于物质资本与其所有者的可分离性，使物质资本一旦投入企业，就变成了一种抵押品，物质资本是"天生"的风险承担者，而人力资本与其所有者的不可分离性，意味着人力资本不具有抵押功能，不能被其他成员当"人质"，可以随意退出企业，逃避风险（张维迎，1996）。而赞成者认为，人力资本具有一定程度的可抵押性，之所以这样，其根本原因是人力资本与其所有者一定程度的可分离性，或人力资本产权行使的受限制性（杨瑞龙、周业安，1997）。并且由于非人力资本社会表现形式的多样化和证券化趋势，使非人力资本所有者日益成为企业风险的规避者，而人力资本的专用性和团队化趋势使人力资本所有者日益成为企业风险的真正承担者（方竹兰，1997）。

实际上，由于人力资本与其所有者具有不可分离性、专用性和团队性特点，人力资本实质上是用其未来收益甚至个人人身自由做抵押，使人力资本具有很强的抵押性，在这一点上，笔者非常认同杨瑞龙、周业安和方竹兰的观点。但是，笔者同时也认为，是否承担风险和是否具有可抵押性是两个不同性质的问题。人力资本是否承担风险实质上是指当企业经营不善，如严重亏损或破产清算时，人力资本所有者是否像物质资本所有者一样承担企业有限责任或损失。而人力资本是否具有可抵押性是指当企业经营不善时，人力资本是否可以随意退出企业的问题。所以，必须承认，人力资本具有抵押性并不表明人力资本能承担企业有限责任或损失。

（二）人力资本承担有限责任的原则和障碍

1. 人力资本承担有限责任的原则

人力资本出资后，当企业经营不善，如严重亏损或破产清算时，物质资本所有者所投入的物质资本出现"缩水"是显而易见的。同样，由于人力资本与其所有者具有不可分离性、专用性和团队性特点，使人力资本具有很强的抵押性，人力资本所有者所投入的人力资本贬值或形成自身损失幅度往往更大。这时，就人力资本股东而言，应该以其已贬值了的人力资本为限对企业法人承担债务责任，企业法人再以其现存的全部独立支配财产（包括物质财产和人力财产）为限对债权人等承担债务清偿责任。这是人力资本出资中人力资本承担有限责任的总的原则。

2. 人力资本承担有限责任的障碍

人力资本要在两层含义上履行有限责任存在较大障碍。第一，人力资本与其所有者天然不可分割（周其仁，1997），不可分性决定了人力资本载体退出企业以后人力资本也同时退出了企业。第二，人力资本是以人力资本量为担责依据，而人力资本具有"伸缩"性，其价值量总是处于动态变化之中。第三，人力资本为一无形资本，其不可能像物质资本一样在财务上直接履行有限责任。因此，要使人力资本为承担财务上的有限责任就必须有相应的特殊制度安排。

（三）人力资本承担有限责任的制度安排

1. 引入人力资本担责救济机制

1994 年，美国"统一州法全国委员会"制定的《统一有限责任公司法》规定：

"股东的入股可以包括有形的与无形的财产或其他对公司的利益，包括金钱、期票、提供的劳务，或者同意向公司交付现金或财产，或者在未来提供契约劳务。"但鉴于未来劳务入股潜在的弊病，为了避免未来劳务不可预期性所招致的不履行，该法对于以未来劳务作为对价而发行的股份，提供了三种救济机制：设置托管账户、进行其他限制股份转让的安排、可根据支付的股份购买价格将分配利益贷记。为此，在人力资本承担有限责任的制度安排中，我们可借鉴美国《统一有限责任公司法》，引入类似的人力资本担责救济机制：①设置人力资本股份（权）托管账户，由公司或专门的托管机构统一托管人力资本股份（权）；②对人力资本股份（权）转让做出某些限制安排；③根据支付的人力资本股份（权）购买价格将分配利益贷记。若人力资本承担有限责任未能履行，则所托管的人力资本股份（权）、限制转让的人力资本股份（权）以及贷记的人力资本股份（权）分配利益可作相应扣除。

2. 建立人力资本承担有限责任的赔付备用基金

具体可采取如下操作思路：仿效现行法定公积金提取办法，当企业盈利时，每月提取人力资本所有者应获股利的 10% 存入为其准备的个人专用账户上作为人力资本有限责任赔付备用基金。在基金累计余额达到该个人所评估股本化的人力资本值的 50% 以后，可不再提取（因为人力资本履行债务清偿责任时，其已大幅贬值，且另外还有不超过公司注册资本 50% 的由人力资本和物质资本所共有的法定资本公积金存在）。当人力资本股东中途退出企业或去世时，其人力资本有限责任赔付备用基金按式（8-1）作有效扣除后予以返还本人或其继承人。

所退人力资本有限责任赔付备用金 = 某人个人账户基金累计余额 −（企业盈亏相抵后累计亏损余额 − 企业累计公积金）× 某人人力资本股本/企业总股本（含物质资本和人力资本）

(8-1)

人力资本有限责任赔付备用金之所以应该退还给个人，同时又要作有效扣除，是因为：第一，人力资本股东退出企业或中途去世时，人力资本所有者的责任相应解除，并且人力资本有限责任赔付备用金只是充当货币抵押物，其所有权仍属于其个人；第二，进行有效扣除是人力资本所有者承担有限责任的重要体现。该人力资本所有者没有退出企业且企业还在继续运营时，其财务有限责任还只是账户上的"虚拟"责任。

3. 引入人力资本保证有限责任制

在具体的制度安排设计思路上有股东自我保证和第三方保证两条路径可供选择：①股东自我保证，即人力资本入股者的自我保证，是指人力资本股东在选择以人力资本方式出资时就公开承诺在公司破产或其他经营性原因而导致歇业、解散，债权人对公司主张债权时，保证将处于履责时（贬值后）的人力资本评估值如数以现金、实物、工业产权、非专利技术、土地使用权等财产或权利缴纳到位；②第三方保证，即指由第三方对人力资本股东承担的有限责任提供保证。在债权人对公司主张债权时，物质资本股东以其出资的物质资本贬值余额对公司债务承担直接清偿责任，而人力资本出资股东应承担的责任，由保证人代为履行。但是由第三方保证的弊端也是相当明显的：第一，公司人力资本股东人数众多，提供保证的合格第三方难找；第二，保证方的保证能力客观上也是不断变化的，众多保证人中，难免不出现因某些保证人保证能力下降而不保证现象；第三，对债权人来说，其债权主张要通过为数众多而分散的保证人去实现，维权成本太高，有时甚至无法实现债权主张，这对债权人极不公平。

（四）人力资本承担有限责任的整体路径

实践中，企业处理亏损的方法大致有两种：一是发生了亏损，由企业自己通过经营扭亏，以盈补亏。在企业未破产前提下，人力资本所有者不退出企业，则企业还存在扭亏为盈的可能性，因而人力资本有限责任赔付备用金还可挂在账户上，但当企业破产清算或人力资本所有者退出企业时，"虚拟"责任就变成了现实责任，因而就必须对人力资本有限责任赔付备用金进行现实了结。二是发生了亏损，企业无力通过经营扭亏，需要以资补亏，在这种情况下，一般可采用如下方法处理：首先用企业公积金弥补。因为企业提取的公积金是公司为弥补可能产生的亏损或其他特定的用途在每年决算时按一定比例提取的不作为股利分配的那部分利润。利润是物质资本和人力资本共同作用的回报，首先用企业公积金去弥补亏损，体现了物质资本和人力资本共担风险精神，故有其公平、合理之处。在这个办法还不能解决问题的条件下，不足部分由物质资本股东和人力资本股东按当时股份比例分摊弥补。物质资本股东分摊的部分，由其投入企业的物质资本直接担当。人力资本股东分摊的部分，由其账户上的人力资本有限责任赔付备用基金担当。如果这种办法还不能解决问题的话，可根据人力资本保证有限责任机制以及人力资本担责救济机制予以清偿，清偿后人力资本承担的有限责任消除。因为，无论是物质资本股东还是人力资本股东承担的都只是财务有限责任，而不是财务无限责任。

第九章　人力资本出资企业的治理制度安排研究

企业治理问题研究的内容就是如何构建有效的企业治理系统，它由静态和动态两个部分构成：在静态上表现为一整套如何界定企业利益相关者——股东、债权人、经营者、职工、政府和其他利益相关者之间责、权、利，合理配置剩余索取权与控制权的契约制度；在动态上则表现为一套有助于直接或间接执行这些契约制度的机制，具体表现为科学的激励约束机制和权力制衡机制。所以，不同的企业治理结构就决定和保障着不同劳资分配范式。要保障人力资本与物质资本具有均等机会和同等权力分享企业剩余，就必须对传统治理制度体系进行重构。本章主要研究了如下主要问题：第一，对国内外大量企业治理研究文献综述进行系统回顾和梳理，以掌握现有研究动态。第二，构建分析企业治理本质的一般理论框架，研究认为企业治理需要解决好三大基本问题：一是企业利益主体之间利益差异问题；二是企业中的治理主体理性度不足问题；三是治理主体之间的信息不对称问题。第三，按照所建立的企业治理分析理论框架，分别围绕企业治理需要解决的三大基本问题，对人力资本出资企业的治理问题进行系统深入研究，并在此基础上重构保障人力资本与物质资本具有均等机会和同等权力分享企业剩余的新型企业治理制度安排体系。

一、企业治理含义的界定

关于企业治理，目前尚不存在一个统一的定义。许多经济学家从不同的角度对企业治理结构的含义进行了界定。其中较有影响的观点主要有以下几种：①制度安排说。斯坦福大学钱颖一认为："企业治理结构是一套制度安排，用以支配若干在企业中有重大利益关系的团体——投资者（股东和贷款人）、经理人员、职工之间的关系，并从这种联盟中实现经济利益。"① ②相互作用说。库克伦和华廷科认为："企业治理包括在高级管理阶层、股东、董事会和公司其他的有关利益人的相互作用中产生的具体问题。"② ③决策机制说。奥利弗·哈特认为："企业治理结构被看作一个决策机制，而这些决策在初始合约中没有明确地设定。更准确地说，治理结构分配公司非人力资本的剩余控制权，即资产使用权如果在初始合约中没有详细设定的话，治理结构将决定其如何使用。"④组织结构说。我国经济学家吴敬琏认为："所谓企业治理结构，是指由所有者、董事会和高级执行人员即高级经理人员三者组成的一种组织结构。"③

经合组织在总结各学者的理论学说和世界公司实践基础上，将企业治理定义为"一种据以对工商业公司进行管理和控制的体系，企业治理结构明确规定了公司的各个参与者的责任和权利分布，如董事会、经理层、股东和其他利益相关者，并且清楚地说明了决策公司事务所应遵循的规则和程序；同时，它还提供了一种结构，使之用以设置公司目标，提供了达到这些目标和监控运营的手段"。

二、企业治理研究文献综述

（一）国外学者关于企业治理研究文献综述

目前国外关于企业治理研究方面的文献大体上围绕以下几个主题研究来展开：

1. 关于谁是企业主人的主题

关于这个命题，目前主要有两种截然相反的观点。第一种观点认为企业是属于股东们的实物资产的集合体，企业是股东的企业，股东拥有企业的全部所有权，经理人员以股东代理人的身份执行权力、承担责任；公司治理是一个对股东

① 青木昌彦，钱颖一. 转轨经济中的公司治理结构：内部人控制和银行的作用 [M]. 北京：中国经济出版社 1995：133.

② 见库克伦，华廷科（1988）. 转引自费方域. 什么是企业治理 [J]. 上海经济研究，1996（5）.

③ 吴敬链. 现代公司与企业改革 [M]. 天津：天津人民出版社，1994：185.

承担有效责任的问题；解决治理问题就是要使治理机制运行得更有效率。该观点的代表人物主要有 Shleifer、Vishny 和 Tirole 等。Shleifer 和 Vishny（1997）认为，公司治理的问题是向公司所提供资金的供给者如何保证他们能够从他们的投资中获得收益；Tirole（2000）认为，公司治理的标准定义为对股东利益的保护。在实践过程中，以股东主权为基础的美英模式与以相关利益者为基础的日德模式相比，在经济效率上难分伯仲，甚至显得更好。Owen Geoflrey（1995）认为，并没有明显的证据表明德国的企业治理安排更具竞争力，而股票市场发挥更大作用的美英模式不具有竞争力，一个合理的推论是双方需要进行相互的学习。第二种观点认为每一个利益相关者都对公司享有权利，股东是公司的众多利益相关者集团中的一员，因此，股东只拥有企业的一部分，而不是全部。该观点的代表人物主要有 Jensen、Meckling、Thomas Ponaldson、Lee E. Preston 和 Maranville Steven J. 等。Jensen 和 Meckling（1972）指出，企业是一组契约，股东拥有实物资本，但不可能拥有人力资本和其他相关利益主体的专用性投资，否则会损害其他利益主体的投资积极性；Birchand Bill（1995）提出，由 CFO（Chief Financial Officer）杂志和 Walker 集团协作进行的调查显示，大部分 CFO 对公司满足相关利益主体的目标的程度表示了关切，并认为公司相关利益主体间的关系好坏会影响其财务绩效；Thomas Ponaldson 和 Lee E. Preston（1995）在其"公司：相关利益者理论"一文中，认为公司必须倾听来自其他集团的声音，他们每一个都必须参与决定公司发展的方向；Maranville Steven J.（1989）则对公司接管过程中的相关利益者进行了研究，认为在兼并活动中公司应详细认真地考虑到相关利益者，而且对战略管理、公司治理及社会责任应进行总体的系统考虑。除此之外，在企业治理方面强调相关利益者的还有：Molz Rick（1995）构建了一个多元化的董事会结构，认为应在董事会中引入相关利益者以减少经营者对公司的控制；Verschoor Curtisc 和 Liona Joseph P.（1990）认为审计委员会应增加对利益相关者的责任，而不是仅对股东。

2. 关于股权结构与公司治理效率的研究

对于股权结构与公司治理效率的研究主要是对股权结构与公司治理效率两者的相关关系进行实证研究，由于选取的公司样本和具体指标等的不同，众多学者得出了两种截然不同的观点。一部分学者实证研究发现，股权集中度对于公司绩效存在着正效应。伯利（Berle）和米恩斯（Means）早期研究发现在股权集中度与会计利润率之间存在着正相关关系。Leech 和 Leahy 利用一个作为股权集中度函数的所有者效应指数，得出了相同的结论。Zeck-houser 和 Pound 发现，在他们划分成的容易监控的行业中，股票价格与公司盈余的比率随着股权集中度而增长。另一部分学者与上述观点相反，德姆塞茨（Demsetz）和 Lehn 等研究指出，随着持股份额的增加，股东的资产组合风险也将随之增加，因此在具有不同风险的不同公司中，大股东持股的最优化份额也会有所不同。并且，个别公司行为的性质和复杂性是变化的，这将会影响监控个别公司的股东价值的边际效应。Homsen 和 Pedersen 发现，435 家最大型欧洲公司的股权集中度与公司绩效之间的联系是非线性的，以至于股权集中度超出某一点后对绩效有相反的影响。

3. 关于董事会内部结构及其与公司治理效率的研究

由于经理主权的加强，导致经营者对股东的责任已成为人们普遍关注的焦点。实施公司控制的资本市场并不总是有效的，从而使许多学者开始转向企业内部，即对董事会的结构及其成员构成进行分析。

（1）关于独立董事的研究。一些学者认为独立董事更有利于公司治理效率的提升。Tricker 认为，在董事会中引入独立董事可以增加董事中的客观性和独立性。Fama 进一步指出，一个股东董事占多数的董事会并不是最佳董事会结构，因为投资者出于分散风险的考虑，会使得企业的业绩对股东利益并没有太大的关系，在内部经理市场存在竞争的前提下，他更倾向于全部由执行董事组成的董事会结构，但他也注意到另一种可能：经理在获得对董事会的控制权后，可能会放弃竞争，进而谋取私利。其解决办法也是引入独立董事，并强调外部市场对独立董事的约束。但有些经验研究并不支持上述结论，Dail、Catherine M.和 Dalton Dan R.（1993）所做的一项研究揭示，那些绩效高的公司恰恰是对治理结构独立性依赖较少的公司。Star Marlene Givant（1993）指出，由 Covenant 投资管理公司作的一项研究显示，独立董事少的公司比独立董事多的公司绩效更好。

（2）关于董事会规模的研究。一些学者认为董事会的规模与公司价值相关。比如，Lipton 和 Lorsch 的研究结果认为，当董事会的规模超过 10 人时，因协调和沟通所带来的损失会超过因人数增加所带来的收益，董事会因而会变得缺乏效率，并且也更容易为公司经理所控制。通常情况下，董事会规模应在 10 人以内，7~9 人是理想的规模。Jensen 指出董事会的规模与公司价值具有相关性。Yermack 以 1984~1991 年度的 452 家美国公司为研究样本，对董事会规模与公司价值之间的相关性进行了经验分析。结果显示董事会规模与公司价值（以托宾 Q 值加以表示）之间呈现出负相关的凹型曲线关系。当董事会规模从 6 人上升到 12 人时，公司价值的损失相当于董事会人数从 12 人上升到 24 人时的损失，即当董事会的规模从小型向中型变化时，公司价值的损失最大。他认为，具有较小规模董事会的公司具有较高的市值。

（3）关于董事会行为的研究。Nikos 的研究进一步丰富了关于董事会研究的内容，他检验了董事会的行为强度（用董事会的会议次数加以表示）与公司绩效之间的联系，并指出董事会行为的强度是一个可以选择的、与公司价值具有相关性的董事会特征。

除了上述研究之外，一些研究还指出，董事的名誉资本和报酬计划也会影响董事们的行为。

4. 关于机构投资者的作用和地位的研究

在国外，企业治理发展到今天已呈现出两个特点：一方面是经理主权的加强；另一方面又要求对股东利益的关注。个体股东由于缺乏这方面的动力和能力而被排除在企业治理之外，机构投资者就被视为企业治理中加强股东地位的重要支柱。有学者对机构投资者对于提升治理效率的重要性进行了研究。如 Pound 研究了机构持股者干预企业治理的动机，就机构持股者与其可能会监督的企业之间的关系做出了三个假设：第一，有效监督假设。与小股东相比，机构持股者能够掌握更多的信息并且更有能力实施低成本的监督。第二，利益冲突假设。机构持股者与公司存在着业务联系，这又使得他们不太愿意限制管理层的自由裁量权。第三，战略联盟假设。机构持股者和公司董事会可能会发现在某些事务上进行合作对双方都是有利的。Coffee 对达到最优公司治理效率所应具备的条件进行了分析，他认为具有长期的投资计划、拥有足够多的企业股份以补偿其监督成本的机构不应受公司治理中利益冲突的影响。不同的机构持股者以不同的方式来达到这些标准，而且并不是所有的机构持股者都能满足这些要求。Short 和 Keasey 发现，由于不同的所有者利益间存在着极其复杂的相互关系网，加上信息评估方面的问题，机构持股者对绩效的影响并不明显。因为机构持股者是不同质的，不同的机构持股者有着不同的所有权结构以及与之相对应的目标和投资时间范围。因此，有些机构持股者比其他的机构持股者具有更明显的会成为积极投资者的倾向。

5. 关于高级管理人员报酬以及它与公司绩效关联性的研究

高级管理人员报酬以及它与公司绩效的联系成为国外公司治理文献中的一个重要并持续争论的问题。这些争论包括：多少报酬是合适的；报酬应该在多大程度上与绩效相关；怎样去衡量绩效等。大多数关于报酬的实证研究假定最优的高级管理人员契约应当把高级管理人员报酬与企业业绩紧密地结合起来（因为高级管理人员的行为在很大程度上不易观察）。

一些学者认为美国公司的报酬制度充分地协调了经理人员与股东的利益，如Kaplan 和 Smith 研究指出，经理人员持股权对公司的经营绩效具有激励效应，他们都发现在经理层融资收购（MBO）之后，公司绩效显著上升。然而也有较多学者认为美国公司高级管理人员的报酬——绩效联系是太弱了。如 Jensen 和 Murphy 虽然也认为经理人员在最大化股东财富的过程中应该得到奖励，但是持有较少公司股份的 CEO 的报酬对股东财富变化的敏感性就平均而言是非常小的。

6. 关于资本市场对公司的监控问题的研究

在 20 世纪 80 年代之前，资本市场一直是美英等国控制公司的最重要的手段，但数次兼并浪潮以及对兼并后绩效的考察，使人们对资本市场监控公司的有效性发生了怀疑。对此，有两种截然不同的观点：反对观点认为，资本市场监控公司会引起过度兼并，而这种兼并活动的代价过高，无论对股东还是整个社会来说都是不适当的。Davis 和 Kay（1990）认为，兼并实施公司控制的主要缺陷之一就是兼并公司的股东面临着较大的风险。有证据表明，兼并后公司的股价并不增加，反而会下跌，增加的只是被兼并公司的股价（Schliefer 和 Summers，1988）。这也从侧面反映出公司作出兼并决策并不一定是从股东利益出发的。支持观点则认为，资本市场是有效的，接管是控制公司的一般方式。Jensen（1988）指出，当内部变化受到来自现职管理层的阻碍时，资本市场是重构公司的渠道之一。

人们可以看出，关于资本市场的有效性的争论，关键不在于要不要资本市场的问题，而在于利用资本市场进行监控的程度。

7. 关于资本结构与企业治理关系的研究

Williamson Oliver E.（1988）从交易成本的角度，提出了一种把公司财务和公司治理相结合的分析方法，以及债务治理（Debt Governance）的概念，并运用资产专用性（Asset Specificity）分析企业治理与债务治理的关系，认为对于资产专用性低的项目不仅易于而且应当采用债务融资。资本结构与企业治理的关系还表现在银行等金融机构作为债权人在企业治理中的地位。Dimsdale（1994）指出，在英国，银行系统对公司接管和重组起了推波助澜的作用。此外，青木昌彦和钱颖一等人对转轨经济中的企业治理做了大量卓有成效的研究工作，提出了一种在企业经营不佳时银行起主导作用的相机治理机制（Aoki、Qian，1995）。

8. 关于企业治理与公司伦理道德之间关系的研究

企业内部的腐败现象以及侵害其他相关利益者事件的增多，使许多学者开始注意到企业伦理问题。Loebbecke 等发现，在对高级管理人员控制薄弱的企业，财务报告舞弊现象越容易发生。Beasly 使用 1980~1991 年的样本指出，独立董事在公司董事会中所占的比例显著地影响虚假财务报告的发生率，独立董事越多，虚假财务报告的发生率越低。他认为，在减少虚假财务报告的发生率中起重要作用的是董事会的构成情况。Carcello 和 Neal 选取的 1994 年的样本指出，对一些陷入财务困境的公司而言，独立董事在审计委员会中的比例越大，注册会计师在其审计报告中对公司能否持续经营表示意见的可能性就越大。

美国反舞弊财务报告委员会（Treadway）的发起组织 COSO 以美国证监会（SEC）发布的《会计和审计法规执行公报》中所列的 1987~1997 年的财务报告舞弊案例为总样本，随机选取了涉及近 300 例舞弊案件的有财务舞弊行为的 200 家公司作为研究样本，结果发现，有 72% 的案例涉及首席执行官（CEO），有 43% 的案例涉及首席财务官（CFO），25% 的舞弊公司没有设立审计委员会。

（二）国内学者关于企业治理研究文献综述

第一，从委托代理的角度，主要探讨企业中的激励与约束机制问题。主要代表人物有吴敬琏、周其仁、张维迎、崔之元、杨瑞龙、周业安和李维安等。①吴敬琏认为，所谓公司治理是指由所有者、董事会和高级经理三者组成的一种组织结构，在这种结构中，上述三者之间形成一定的制衡关系。②周其仁、张维迎系统探讨了控制权对在职经营者的激励和约束功能。张维迎认为，公司治理的目的是解决两个基本问题：一是激励问题；二是经营者选择问题。张维迎认为在公司的产权安排上，非人力资产所有者拥有公司资产的剩余控制权，并同时享有剩余索取权，这样的产权安排有利于激励股东去监督公司经营者。③崔之元、杨瑞龙和周业安等从如何实现产权明晰、政企分离以及国有企业的委托代理关系等方面的角度，就国有企业改革过程中存在的某一方面的企业治理问题进行了深入研究。杨瑞龙认为，国企改革应实现治理结构的创新，其核心是扬弃"股东至上主义"，遵循"共同治理"，强调利益相关者的权益（崔之元，1996；杨瑞龙、周业安，1997、2000）；另外，李维安认为公司治理应该从更广泛的利益相关者的角度，从权利制衡和决策科学两个方面去理解，公司治理不是为了制衡而制衡，而是应如何使公司最有效地运行，如何保证各方面的参与人的利益得到维护，因此，科学的公司决策不仅是公司管理的核心，而且是公司治理的核心；公司治理的目标不是相互制衡，而是保证公司科学决策的方式和途径。

第二，从交易费用、新制度经济学的角度分析企业产权结构及其对企业治理的影响。主要代表人物有林毅夫和李骥等。林毅夫（1997）、刘芍佳和李骥（1998）强调充分竞争的市场环境会自动带来公司的有效治理，与所有制关系不大。孙永祥和黄祖辉（1999）研究了我国公司的股权结构与公司效率关系，得出了一般假说，即与股权高度集中和股权高度分散的结构相比，有一定集中度、有相对控股股东，并且有其他大股东存在的股权结构，总体而言有利于公司治理。林凌和黄红（2000）对 81 家高科技公司的实证研究也支持了这一假说。

另外，也有诸多研究者从不同治理模式的比较和借鉴角度探讨企业治理问题，他们通过介绍和引进英、美、日等现代企业制度发达国家的公司治理模式的成熟经验，建立公司内部法人治理结构，来解决中国企业的治理问题。可见，国内外学者虽然对公司治理问题已经进行了大量探索，但是，在研究公司治理问题时往往忽略了公司治理的本质问题，即使触及了也大多只涉及公司治理的本质的某一方面，缺乏通盘考虑。对于人力资本参与企业分配的治理等，基本上还没有涉及。

三、企业治理的本质及其制度分析框架构建

笔者认为，企业治理需要解决好三大基本问题：一是企业利益主体之间利益差异问题；二是企业中的治理主体理性度不足问题；三是治理主体之间的信息不对称问题。如何构建解决这三大问题的制度安排体系实际上就成为分析企业治理本质的一般理论框架。

（一）企业利益主体之间利益差异所导致的治理问题

企业利益主体大体可分为内部利益主体与外部利益主体两类。在现实中，存在企业内部利益主体之间以及企业内部利益主体与外部利益主体之间的利益差异。

1. 企业内部利益主体之间的利益差异

委托层股东利益差异问题，在大多数情况下，企业股东被当作一个在利益与责任上统一的同质主体，而忽略了股东的利益差异和矛盾。而事实上，这种股东的差异和矛盾是普遍存在的。在我国，由于国有股"一股独大"、国有产权虚置以及不合理行政干预等问题目前还没有得到有效解决，致使上市企业股东之间利益差异非常严重。主要表现形式有：①大股东包揽一切事务，独断专行，使股东大会形同虚设；②大股东将企业视为圈钱工具，不断通过配股增发等形式侵犯中小股东利益；③控股股东通过非公允关联交易损害企业及其他股东的利益等，导致企业股东相容性矛盾特别是控股股东和中小股东矛盾尖锐。

2. 企业内部利益主体与外部利益主体之间的利益差异

企业内部利益主体与外部利益主体之间的利益差异主要体现在企业的物质资本所有者与外部债权人之间的利益差异，其主要的表现形式为企业的所有者（物质资本所有者）拒还或是延缓偿还企业债务，从而导致债权人不能收回或是不能按时收回其债务。而对于企业的消费者，其与企业内部利益主体之间的利益差异在于企业提供低质量的产品给消费者，导致产品质量不能保证，损害消费者的利益；对于企业的供应商，其与与企业内部利益主体之间的利益差异主要体现为企业能否提供稳定而可靠的需求。企业的间接利益主体与企业的利益差异主要体现在企业是否能够合法经营。

（二）治理主体的理性度不足所导致的治理问题

治理主体的理性度不足所导致的治理问题，即由于治理主体受到理性度不足的限制而导致的决策失误问题。人力资本入股企业中的治理主体是现实生活中的人，不是新古典经济学意义上完全理性的"经济人"，不具有"经济人"的全知全能的无限理性的能力，其理性度是有限的；正是由于治理主体的理性度不足导致其无法形成完整的、一致的偏好体系，其偏好体系随着各种因素的影响而变动，使得治理主体无法根据他的偏好体系在各种备选决策方案之间做出正确的选择，理性度的不足使得治理主体不可能始终清楚到底有哪些备选决策方案，也不可能进行无限复杂的计算以确定最优的备选决策方案，为最优的备选决策方案进行的概率计算对于治理主体而言也是异常复杂的。由于治理主体的理性度受到主观和客观两个方面因素的限制，导致治理主体无法做出最优的决策，而只能是做出满意的决策，有时甚至做出错误决策，从而在企业中由于治理主体理性度不足产生治理问题。

（三）治理主体之间的信息不对称所导致的治理问题

治理主体之间的信息不对称所导致的治理问题，即由于信息在各个治理主体之间的分布是不对称的，由这种信息的不对称所产生的治理问题。在企业中一部分治理主体由于拥有私人信息而处于信息的优势地位，而另一部分治理主体没有拥有私人信息而处于信息的劣势地位，处于信息优势地位的治理主体利用其垄断的私人信息会损害处于信息劣势地位的治理主体的利益，从而产生治理问题。治理主体之间因信息不对称而产生的治理问题以两种形式存在：逆向选择和道德风险。逆向选择问题产生于签约之前，属于事前的信息不对称；而道德风险产生于签约之后，属于事后的信息不对称，这两种形式的治理问题广泛存在于企业中。

四、解决企业治理本质三类问题的理论分析

（一）解决利益主体之间利益差异的理论分析

企业的本质在于它是一种团队生产，是人力资本与物质资本长期合约的集合。企业价值是人力资本与物质资本之间以及人力资本个体之间的高度协作。因而，任何一方的机会主义行为都将使其他利益主体的利益遭受损失，从而影响企业价值的实现。因此，无论是物质资本侵蚀人力资本的利益，还是人力资本侵蚀

物质资本的利益，都必须纳入企业治理范畴。

企业的各个利益主体的利益不可能完全一致，也不可能完全重合，只能是通过制度安排对于利益主体之间的利益差异予以治理，治理利益差异的制度安排应该要能够达到增加利益主体之间的共同利益、缩小利益差异、保护合理利益、限制或消除不合理利益的目的，这样才能对利益差异达到有效治理。利益主体之间利益差异的治理可以通过构建股票（股权）分享计划等利益共享性制度安排，董事会、股东（大）会等对利益差异进行调和的制度安排，工资保障制度和债务偿还准备金制度等保障性制度安排，法律制度等基础性制度安排予以实现；股票（股权）分享计划可以有效地扩大利益主体之间的共同利益，可以达到增加利益主体之间的"向心力"，缩小由于利益主体之间利益差异而产生的"离心力"；工资保障制度和债务偿还准备金制度可以达到保障利益主体之间利益差异的作用，避免其利益受到损害；董事会制度与股东（大）会制度可以很好地调和由于利益主体之间利益差异而产生的利益纠纷，并且有助于防范利益主体的谋利动机；法律制度构成了现代企业运行的基础性制度，法律制度的建立可以为解决利益主体之间利益差异提供最后的途径和手段。

（二）提高治理主体理性度的理论分析

治理主体理性度不足是必然存在的，不可能存在完全理性的人，治理主体必然地受到其知识、能力的不足和环境中的不确定因素的影响。治理主体理性度不足可以通过制度安排予以弥补，即针对治理主体理性度不足的成因进行相应的制度安排，这样才能够有效地对其理性度不足进行治理。提高治理主体理性度的制度安排可以从企业内部和外部进行，内部治理可以采用董事会、股东（大）会、监事会等群体决策制度安排，由于单个治理主体受到知识和能力不足的限制，因此采用群体决策的方式在治理主体进行决策的时候就能够有效地弥补单个治理主体在知识和能力方面的不足，有效地提高决策的合理性；外部治理可以通过聘请企业顾问、独立董事等救济性制度安排予以实现，由于企业的治理主体始终与企业存在千丝万缕的利益联系、知识和能力终有不足，因此从企业外部聘请经验丰富、知识全面、能力强的独立董事、企业顾问等可以弥补治理主体在这些方面的不足，这些独立董事、企业顾问可以发挥"当局者迷，旁观者清"的治理作用。

（三）缩小治理主体间信息不对称的理论分析

信息不对称是信息经济学的核心，信息经济学的相关理论是建立在信息不对称的基础之上。信息经济学将博弈中拥有私人信息而处于信息优势地位的参与者称为"代理人"，把不拥有私人信息而处于信息劣势地位的参与者称为"委托人"，这一委托—代理关系是建立在博弈双方对信息的掌握情况之上，信息不对称所导致的各种问题都可以放到委托—代理框架下进行分析。

张维迎把信息不对称而产生的委托—代理问题归纳成以下几类模型：隐藏行动的道德风险模型、隐藏信息的道德风险模型、逆向选择模型、信号传递模型和信息筛选模型五类。信息不对称从发生的时间上可以分为事前信息不对称和事后信息不对称。事前信息不对称指的是发生在缔约前的信息不对称；事后信息不对称指的是发生在缔约后的信息不对称。事前信息不对称会引起逆向选择问题，事后信息不对称会造成道德风险问题。逆向选择问题又可以称为"柠檬问题"，这一类信息不对称问题指的是代理人知道自己的类型，委托人不知道代理人的类型，委托人和代理人签订一份契约，在这种情况下，市场配置是缺乏效率的。道德风险产生于订约之后，在契约签订之后代理人知道自己的行动，而委托人不知道或是无法观察代理人的行动，在这种情况下，代理人可能采取满足个人利益最大化的行动损害委托人的利益。信息不对称问题从内容上可以分为隐藏行动和隐藏信息两种情况。隐藏行动的信息不对称是指由于代理人的行动只有他自己知道，委托人不能观察到代理人的行为；隐藏信息的信息不对称是指由于信息分布不平衡，代理人的信息只有他自己知道，委托人不知道或知道得很少。

企业治理主体之间的信息不对称既有社会分工这一客观原因的存在，也有信息优势方垄断信息的主观动机，还有市场参与者搜寻信息需要承担成本这一经济因素，因此为了缩小治理主体之间的信息不对称，可以从其成因出发进行制度安排，以缩小治理主体间的信息不对称。生产的社会分工是现代社会大生产的必然产物，这一分工是天然存在，不可能取消生产的社会分工，因此必然地存在由于分工而产生的信息不对称，即总会有人凭借其生产分工而垄断信息，相应的制度安排应该解决由治理主体社会分工形成的对信息的垄断问题。

事前信息不对称主要关注的是对关键人力资本所有者的选任，为了避免在关键人力资本所有者的选任上出现"柠檬市场"现象，可以通过相关的制度安排来解决或是降低在关键人力资本所有者选任的信息不对称，建立一个能够传递关键人力资本所有者信息的清晰、公正、客观的人力资本市场有利于解决关键人力资本所有者选任的信息不对称，一个有效的人力资本市场应该能够将相关的关键人力资本所有者的信息有效地传递给信息劣势方。

五、治理制度分析框架在人力资本出资企业中的应用

（一）改制前后企业治理模式的比较

1. 传统企业治理的基本假设

在传统企业治理模式中，它有四条基本假设内容：①企业股东是纯物质资本所有者，全体经理层和工人只拥有人力资本；②企业是物质资本股东的企业，企业的剩余索取权归物质资本所有者，而人力资本所有者不享有企业所有权；③股东所有权与经理层的控制权完全分离，股东（委托人）与董事会领导下的经理层（代理人）之间为单向"委托—代理"关系；④由于契约的不完备和委托人与代理人利益的不完全一致，所以要界定物质资本所有者和代理人之间的各种关系，并引入一系列的制度安排，以减少"逆向选择"和"道德风险"现象。可见，传统企业治理模式实行的是以物质资本为基础的"单边治理"，治理的目标是怎样使物质资本所有者的剩余索取权得到最优保障。

2. 改制企业治理与传统企业治理的异同

在实行人力资本入股改革后，与传统的企业治理相比较，有其相同点与不同点。就相同点而言，由于人力资本入股企业无论是形式还是实质都为一股份制企业，遵循着股份制的基本原则，所以这种新的企业治理模式必然是在传统企业治理模式上发展起来的，企业治理结构在形式上大致相同，都有股东（大）会、董事会、经理层和监事会。就不同点而言，传统的企业治理模式假设内容将出现很大变化：①人力资本所有者具有股东和劳动者的双重身份，人力资本所有者在企业治理结构中不能再被简单当作经营者和劳动者看待。②企业股东不再局限于物

质资本股东，既包括物质资本股东也包括人力资本股东，企业治理结构主体实现了多元化，企业的剩余索取权归物质资本股东和人力资本股东共同所有，因此，企业是物质资本股东和人力资本股东共同所有的企业。企业治理模式实行的是以物质资本和人力资本为基础的"多边治理"。③企业治理结构主体的多元化，必然导致治理目标的变化，企业治理的目标不再是物质资本股东利益最大化，而是保障物质资本所有者和人力资本所有者享有平等的剩余索取权，实现包括人力资本股东与物质资本股东在内的所有者权益最大化。

（二）改制企业的利益主体之间利益差异分析与制度安排

1. 改制企业内部利益主体之间利益差异分析

传统企业内部利益主体之间的利益差异主要表现为由企业所有权和经营权配置差异所导致的利益分配方面的差异。企业的物质资本所有者拥有企业的所有权，其在企业中的利益是寻求所有者权益最大化，而企业的人力资本所有者是企业的劳动者，不拥有企业的所有权，其在企业中的利益是寻求更高的工资、奖金和更好的福利，在企业收入既定的情况下，一方收益的增加必然地减少另一方的收益，两者进行的是一个"零和游戏"，两者之间存在着所有者权益收益与劳动者劳动收益之间的差异。传统企业的关键人力资本拥有企业的经营权，其可以凭借经营权而获得收益，这些收益包含了职务性消费、心理满足感等，在企业收入既定的情况下，关键人力资本所进行的高额职务性消费、不合理地构建公司帝国带来成就感等必然地损害到非关键人力资本的利益，因此关键人力资本和非关键人力资本存在着经营权收益的差异。

人力资本入股改变了传统企业的利益主体格局，同时也导致利益主体之间的利益差异发生变化。人力资本入股企业中的利益差异主要来自于经营权配置和企业劳动参与两个方面。企业的关键人力资本股东拥有企业的经营权，其在企业中可以凭借经营权获得收益，同时还可以作为企业的所有者获得收益，收益由两部分组成：所有者权益和经营权收益，而企业的非关键人力资本股东不能凭借经营权获取收益，关键人力资本股东和非关键人力资本股东在经营权收益方面存在差异。企业的人力资本股东参与企业的劳动，其可以凭借劳动获得收益；而物质资本股东不参与企业的劳动，不能凭借劳动获得收益，因此在物质资本股东和人力资本股东之间存在着劳动收益的差异。

2. 改制企业内部与外部利益主体的利益差异分析

如前所述，传统企业内部利益主体与外部利益主体之间的利益差异主要体现在企业的物质资本所有者与外部债权人之间的利益差异，企业的间接利益主体与企业的利益差异主要体现在企业是否能够合法经营。人力资本入股以后，企业的人力资本和物质资本均为企业的股东，作为股东其利益是趋同的；人力资本入股以后企业的内部利益主体与外部利益主体的利益差异主要体现为企业所有者（人力资本所有者与物质资本所有者）与企业债权人之间的利益差异，企业的股东力求企业能够长期运营，从而获得长期收益，而企业的债权人在企业中寻求的短期收益，力求尽快收回债务资金和股息，因此股东有可能延迟归还债务或是赖账，这些都会损害债权人的利益。企业与其他外部利益主体的利益差异与传统企业类似。

3. 利益主体之间利益差异的治理制度安排研究

企业的各个利益主体的利益是不可能完全一致，也不可能完全重合，必须要通过制度安排对利益主体之间的利益差异予以治理，

而通过这些制度安排，可以实现对传统企业治理模式进行实质性改组和变革，具体包括：①由全体物质资本所有者和人力资本所有者共同组成企业股东大会，企业股东（大）会是企业的最高权力机关，实行"按资本说话、一股一票"决策原则。②按物质资本和人力资本的比例确定董事会内部成员各自所占比例，与独立董事共同组成董事会，董事会领导经理层对企业的重大事项进行决策。③按物质资本和人力资本的比例确定监事会成员各自所占比例，组成对企业股东（大）会负责的监事会，监督董事会及其领导下的经理层，使其行为不违背企业全体股东（包括物质资本股东和人力资本股东）利益。全体股东通过股东（大）会机制行使投票表决权，对企业重大方针政策进行表决；通过企业董事会机制行使决策权；通过监事会机制行使监督权。既是股份制的重要原则之一，也是物质资本股东和普通人力资本股东保障其利益的重要基础制度安排。④通过加强职工代表大会建设对弱势主体的利益施行有效保障。虽然职工群体拥有很大影响力，但单个职工个体实力太薄弱。因此，通过加强职工代表大会建设并赋予其某些新的职责，职工代表大会可成为普通人力资本股东保障其利益的重要救济途径。职工代表大会赋予的职责可包括：第一，代理全体职工的人力资本股权，以增加普

通人力资本股东的影响力；第二，依法提名一定比例的人力资本股东代表进入企业董事会、监事会和董事会领导的经理层；第三，依据职工代表大会决议罢免不称职的人力资本股东代表，并根据相关规定提请企业股东大会或董事会或监事会通过；第四，拥有对安全生产、劳动保护等有关职工切身利益问题的审议权和咨询权；第五，对企业经营活动拥有知情权和咨询权。在职工代表大会休会期间，作为其常设机构的工会应检查并督促职代会决议的有效执行。

（三）改制企业的利益主体的理性度不足分析与制度安排

1. 改制企业的利益主体理性度不足分析

企业中理性度不足的治理主体根据其所需要进行的决策行为可以分为不同的类型。在传统物质资本主导企业中，企业的物质资本所有者拥有企业的所有权，持有企业的股份，其作为企业股东需要对与企业所有权相关的问题进行决策；企业的董事受企业股东的委托，负责企业的运营，其作为企业的经营者需要对企业进行经营决策；企业中的人力资本所有者在企业中工作，其需要处理与其工作有关的决策问题；企业的债权人与企业存在债务关系，将资金投入企业，其需要处理与企业债务相关的决策问题等。

人力资本入股企业中由于人力资本所有者将其人力资本入股企业，人力资本所有者由过去企业中的劳动者转变为企业的劳动者和所有者，其既要作为企业的所有者对企业所有权有关的问题进行决策，同时还要作为企业的劳动者对企业中的工作问题进行决策，因此企业中的人力资本所需决策的问题更多，决策的复杂程度远超其作为单一的决策者所需决策，所以人力资本入股企业中的股东又可以区分为人力资本股东与物质资本股东；人力资本入股企业中的董事受股东的委托经营企业，需要对企业的经营行为进行决策；人力资本入股企业的债权人与企业存在债务关系，需要对与企业债务相关的问题进行决策。人力资本入股企业中的理性度不足的治理主体主要有企业的人力资本股东、物质资本股东、董事、债权人等，其与传统企业治理主体最大的区别在于股东的变化。

2. 改制企业的利益主体理性度不足的表现形式

治理主体在企业契约的签订和执行过程中需要制定许多决策，由于治理主体理性度不足，使得治理主体在制定与契约签订和执行有关的决策的时候不能够完全做出正确与合适的决策，其决策行为会偏离正确的方向。具体表现在治理主体对决策备选方案的确定，每一个决策方案的所有可能后果的预测，以及对备选方案的选择上都是面临理性度不足的问题。

对于每一个需要决策的问题，都会存在多个备选的决策方案，然而由于治理主体的理性度不足，受到来自主观和客观两个方面因素的限制，使得治理主体无法也不可能搜寻出所有的备选决策方案，而只能够搜寻到有限的、为数不多的几个决策方案，在决策方案的完备性上受到限制；对每一个备选的决策方案存在着为数众多的结果，然而对决策方案结果的推测和分析上受到治理主体知识、经验等约束，无法对于未来发生的事情做出合理的预测，使得决策结果的预测不完善；在对决策方案的选择上治理主体受到偏好和思维方式等方面的差异，不可能持续在有限的几个决策方案做出合理的选择。由于治理主体的理性度不足，使得治理主体在契约签约和执行过程中对于备选决策方案的确立、每一个决策方案的所有可能后果、对于决策方案的选择都无法做出正确而合理的决策。

3. 改制企业的利益主体理性度不足对治理主体的影响

传统企业中的股东、董事、人力资本所有者、债权人等，其决策时均受到理性度不足的限制。企业的股东是企业的所有者，需要对涉及企业所有权的相关问题进行决策，企业的重大人事变动、重大投资项目、企业转型等都需要股东通过投票表决的形式进行决策，然而股东受到与企业经营相关的知识和能力不足的限制，不可能完全了解其决策问题，因此在决策的时候就有可能导致决策失误。企业的董事受股东委托经营企业，虽然企业董事具有丰富的企业经营的知识和才能，是某一领域的"专家"，但是董事毕竟不是万能的"上帝"，兼之企业是一个复杂的经济实体，董事不可能具有企业经营的各方面知识和能力，在企业的经营中肯定有董事所不了解的、能力之所不及的地方，董事在处理这些不了解的决策问题时就有可能决策失误。企业的人力资本所有者是企业的劳动者，维系企业日常运转，企业的各种生产活动都离不开人力资本，然而人力资本所有者既有的人力资本毕竟是有限的，不可能在企业的生产过程中一直保持不变而胜任企业的生产任务，当出现人力资本所不了解的生产任务的时候就有可能决策失误。企业的债权人将资金贷给企业，债权人对企业的了解和认识是有限的，不能够洞悉与企业有关的各种决策活动，如果其能够洞悉则无须放贷获利，直接开办企业就可以盈利；债权人在处理与企业债务相关的决策时也受到自身知识和能力的限制，有可能形成错误决策。企业所处的环境是一个不确定的环境，充满了各种不确定性因素，这些都会对各个决策者的决策产生影响，可能导致决策者不能形成正确的决策。

人力资本入股企业中的人力资本股东、物质资本股东、董事、债权人等与传统的物质资本主导企业类似，同样受到理性度不足的限制。在人力资本入股企业中，由于人力资本所有者将其人力资本折股投入企业成为企业的股东，因此人力资本股东在决策时所面临的理性度不足的限制更大，其既要对与股东相关的问题进行决策，同时还有对与工作有关的问题进行决策，这两方面决策均受到人力资本所有者知识和能力不足的限制，其决策失误的可能性更大。人力资本入股企业中的董事和债权人的理性度不足与传统企业类似。人力资本入股企业中的治理主体同样要受到环境的不确定性的影响，从而导致决策的失误。

4. 提高治理主体理性度的制度安排探究

治理主体理性度不足是必然存在的，治理主体理性度不足可以通过制度安排予以弥补，为此可主要从以下两个方面的制度安排建设入手：

第一，加强改制企业的董事会制度建设。传统的物质资本主导企业对于企业董事会的建设不够重视，对于董事会的形式建设重于实质建设；其对于独立董事的雇佣更多的是为独立而独立，所聘请的独立董事身份独立性不足，知识和能力并没有独立，有些独立董事甚至缺乏任职所需的基本知识和能力。同时在次级委员会的建设流于形式，对于次级委员会"设"而不"立"，有名义次级委员会，但是次级委员会并没有运作，没有召开相应的会议，其并没有发挥专业方面的作用。监事会不监事，很多企业的监事会只是有其名称和形式，没有发挥监事的作用，对于企业的决策没有很好的建言献策，对于不合理决策没有起到监督的作用。人力资本入股企业的董事会在结构和人数的组成上对于董事的理性度不足进行了有效的治理。具体的董事会结构和人数组成如下：①董事会由不同专业背景的董事组成，在人员的组成上体现了专业背景的多样化。董事在制定决策的时候受到其知识结构的限制，知识结构决定了一个人分析问题的角度。因此董事会中采用不同专业、知识背景的董事组成，在决策的时候有助于实现决策方案数量的最大化，得出尽可能多的决策方案，同时也能够尽可能地完善每一决策方案的后果。②董事会包含了一定数量的独立董事；独立董事是由具有专业知识的社会人士出任；独立董事未在企业任职，与企业不存在密切的利益关系，不介入企业的日常经营决策，在决策的时候能够以独立的眼光来看待问题、分析问题，对决策方案及其结果的完善、对决策方案的选择上都有着重要的作用，具有"当局者迷，旁观者清"的作用。③董事会细分为各个专业的次级委员会；决策者在信息化社会中所面临的不是信息的稀缺、不足问题，而是爆炸式增长信息的处理问题，由于海量信息的存在，使得信息对于决策者而言不再是一种资源，反而成为一种负担，决策者不得不花费大量的时间检索、收集、存储和处理信息；董事会中各次级委员会的存在使得各个次级委员会只负责某 方面的决策问题，这就大大地减少了需要面对的信息，提高了处理信息的效率，同时也提高了决策的效率；一般董事会中都会包含审计委员会、公司治理委员会、执行委员会、提名委员会、薪酬委员会等次级委员会，各个专业委员会负责某一特定的领域，减少了决策信息的处理和决策方案的计算强度，使得董事专注于处理某一特定领域的问题。

第二，加强改制企业的顾问制度建设。传统的物质资本主导企业对于企业外部顾问制度的建立存在着不足，其不足主要体现在：①企业顾问的数量不足，一般的企业没有聘请企业顾问，即便是有企业顾问也只是限定在法律、财务等有限的几个方面，而企业的其他方面的企业顾问几乎为零。②企业顾问的服务对象有限，企业顾问通常只是向企业的董事会、执行经理层和大股东等少数的治理主体提供服务，而企业中小股东、普通人力资本所有者等治理主体则不能从企业顾问获得帮助，不能帮助他们提高理性度。人力资本入股企业中的治理主体始终存在知识和能力不足的问题，对于这一问题的治理除了在企业内部建立相应的制度安排，还应该从企业外部建立相应的制度安排。在企业外部设立企业顾问是一种比较好地提高治理主体理性度的制度安排。企业顾问制度如下：①企业顾问由相关领域的专家出任，这些专家需要具有相关领域丰富的理论知识和实践经验，有独到的见解。②企业顾问应该覆盖企业各相关领域，如财务、法律、技术、运营、信息等，以弥补企业中各个治理主体理性度不足之处。③企业顾问服务的对象是企业中的治理主体，即企业所有的决策者均可向企业顾问进行咨询，以提高自身理性度。

（四）改制企业的治理主体间的信息不对称分析与制度安排

1. 改制企业治理主体间的信息不对称分析

传统物质资本主导企业中随着企业所有权与经营权的配置而产生了多级委托—代理关系，在每一级委托—代理关系上均会产生信息不对称；企业的物质资本所有者将企业的经营权委托给董事会，由董事会负责企业的经营，而董事会又将企业的日常经营权委托给了企业的经理层，由企业的经理层负责企业具体的日常经营，经理层在企业的日常经营中将企业的具体工作委托给企业的人力资本所有者，由人力资本所有者负责具体的企业工作，因此在企业中存在着多重委托—代理关系，形成不同的信息不对称的治理主体，其中委托人是信息劣势方，而代理人则是信息优势方。在企业的内部和外部由于信息搜索成本和信息优势方对信息的垄断也会产生信息不对称，企业的债权人与企业存在债务关系，但是债权人不可能完全了解企业的所有信息，在债权人和企业的所有者即经营者之间存在着信息不对称情况；企业的消费者和供应商也与企业存在着信息不对称，其对企业产品的质量不完全了解，企业的供应商对企业需求也不完全了解，均存在信息不对称；企业的其他利益相关者与企业也存在着信息不对称。

人力资本入股企业中由于人力资本所有者将其人力资本折股投入企业，使得企业的所有权和经营权的配置发生了改变，企业中的委托—代理关系也发生了改变，企业的全体股东将企业的经营权委托给企业中的关键人力资本股东，由关键人力资本股东负责企业的经营，关键人力资本股东又将企业的日常经营委托给企业的经理层股东，由经理层股东负责企业的日常经营管理，经理层股东将企业的日常工作委托给企业的普通人力资本股东，由普通人力资本股东负责企业的日常工作。因此人力资本入股企业的内部信息不对称最大的特点就是全体股东与部分人力资本股东之间存在信息不对称，在这一信息不对称中委托人是信息的劣势方，而代理人是信息的优势方。人力资本入股企业存在着内部股东与外部利益相关者之间的信息不对称，企业的股东与企业的债权人之间存在由债务关系而产生信息不对称，如企业的股东与消费者和供应商之间也存在产品质量和需求供给方面的信息不对称，企业的其他利益相关者与企业的股东之间同样存在信息不对称。在企业内部股东与外部利益相关者之间的信息不对称中，内部股东是信息的优势方，而外部的利益相关者是信息的劣势方。

2. 信息不对称对改制企业治理主体的影响分析

传统企业中存在多层委托—代理关系，每一层委托—代理关系中均存在信息优势方和信息劣势方，其中信息优势方为代理人，而信息劣势方为委托人，在委托—代理关系存在信息不对称的情况下，代理人可以利用其垄断的私人信息而损害委托人的利益以便为自己谋利，因此委托人的利益有可能受损，而代理人则可以获益。当企业的内部和外部存在信息不对称的情况下，企业的内部人是信息的优势方，而企业的外部人则是信息的劣势方，企业的内部人可以利用垄断的私人信息而损害企业外部人的利益，导致企业外部人的利益受损，而企业内部人则获益。

人力资本入股企业内部的委托—代理关系已经发生了很大的变化，其最大的特点是企业的全体股东与少数人力资本股东之间的委托—代理关系，即全体股东是委托人，而少数人力资本股东是代理人，因此在这一关系中企业的全体股东是信息劣势方，而少数人力资本股东是信息优势方，作为代理人的少数人力资本股东就可以利用其垄断的私人信息而谋利，而作为委托人的全体股东的利益可能受损。企业外部的信息不对称的表现形式是企业的股东与企业的外部利益相关者之间的信息不对称，即企业股东与债权人、企业股东与消费者、企业股东与供应商等之间存在的信息不对称，企业的股东属于信息的优势方，而企业外部的各利益相关者属于信息的劣势方，股东可以利用其信息优势垄断信息谋利，导致股东获利而外部利益相关者的利益受损。

人力资本入股企业中的信息不对称既有签约前发生的事前信息不对称也有缔约后发生的事后信息不对称。事前信息不对称主要体现在对具有企业家才能的关键人力资本所有者的选任。在选任关键人力资本所有者的博弈中，被选择的关键人力资本所有者属于信息的优势方，他们了解自己的真实能力，知道自己是否能够胜任相应的工作，是否能够完成相关的任务，但是非关键人力资本所有者对于关键人力资本所有者的真实能力不了解，或是了解得不全面，非关键人力资本所有者属于信息劣势方，他们只能够从一些表面的信息观察和评价关键人力资本所有者，并且让渡自己资本的使用权。如果关键人力资本所有者和非关键人力资本所有者在这一过程中出现信息不对称，那么双方的利益都有可能受到损害，由于不同的关键人力资本所有者所具有的企业家才能是不一样的，某些关键人力资本所有者所拥有的企业家才能高，能够很好地胜任相应的职位，推动企业发展，而另一些关键人力资本所有者所拥有的企业家才能低，对于职位的承受能力较差，只能勉强维持企业运行；如果关键人力资本所有者之间的这种差异不能够被识别，那么关键人力资本所有者只能获取平均报酬，就有可能出现拥有较高的关键人力资本的所有者获得低于其本身应得的报酬，从而挫伤了该类关键人力资本所有者的积极性；而拥有较低关键人力资本的所有者获得高于其应得的报酬，出现滥竽充数现象，导致"柠檬市场"的出现。同时非关键人力资本所有者选择将其人力资本的使用权让渡给较低的关键人力资本所有者使用，在这一过程中就有可能使其回报低于其应得的报酬，更有甚者就是有可能伤害到非关键人力资本的价值，使非关键人力资本的价值下降。事后的信息不对称包括了隐藏行动的道德风险和隐藏信息的道德风险两类。关键人力资本股东在企业的经营方面的行为和信息是不可能观测或是不能完全观测的。非关键人力资本股东想使拥有经营权的关键人力资本股东按照他们的利益选择行为，然而非关键人力资本股东又不能直接观测到关键人力资本股东选择了什么行为，能观测到的只是一些替代变量，这些替代变量是由关键人力资本股东行为和其他的外生的随机因素共同决定，因而充其量反映的只是关键人力资本股东行为的不完全信息。非关键人力资本股东的问题是如何根据这些观测到的信息来奖惩关键人力资本股东，以激励其选择对非关键人力资本股东最有利的行为，消除信息不对称。

3. 缩小治理主体间信息不对称的制度安排探究

企业治理主体之间的信息不对称既有社会分工这一客观原因的存在，也有信息优势方垄断信息的主观动机，还有市场参与者搜寻信息需要承担成本这一经济因素，因此为了缩小治理主体之间的信息不对称，可以多管齐下，以缩小治理主体间的信息不对称。

（1）加强改制企业的信息披露制度建设。传统企业为了解决治理主体对信息的垄断问题建立了信息披露制度，然而在传统的物质资本主导企业的信息披露制度方面存在着诸多问题，比较典型的问题有：①信息披露的内容不真实，模糊收入概念，人为操纵利润；②信息披露不充分，故意对一些重要的信息隐瞒不报或是表述不充分；③信息披露不及时，企业不遵守法定的披露时间，而是根据自己的需要进行披露；④信息披露具有随意性，有些企业在信息披露时极为随意，态度极不严谨；⑤信息披露的非主动性，有些企业把信息披露看成一种额外的负担，能少则少，能不披露则不披露。传统信息披露制度更多的时候流于形式，信息披露的内容不规范，有披露之名而无披露之实，很多企业对于信息披露持抵触态度，没有很好地解决治理主体对信息的垄断问题。

人力资本入股企业的信息披露制度需要克服传统企业信息披露制度的不足，解决治理主体对信息的垄断问题，其信息披露制度着重需要解决两个问题：其一是披露信息的内容问题；其二是披露信息的方式问题。信息披露首先应该关注披露的信息内容，即需要披露什么信息，在治理中信息披露的主要服务对象就是企业的信息劣势方，首先是让信息劣势方能够了解与企业运营有关的信息，在信息的来源上满足这些治理主体的需要，因此信息披露首先应该提供与企业运营相关的财务信息和非财务信息两个方面的信息。其具体的财务信息一般包括反映企业的财务状况、经营绩效和财务状况变动等方面的信息，而主要的财务信息内容包括以下方面：关于企业的经济资源及这些经济资源的权利以及引起资源权利变动的各种交易、事项和情况的信息，关于企业在一定期间的经营绩效，即企业在业务经营活动中引起的资产、负债和所有者权益的变动及其结果的信息，关于企业现金流动的信息，反映企业的经营者向资源提供者报告如何利用受托的资源，进行资源的保值、增值活动以及履行其他法律与合同规定的义务等有关受托责任的信息；非财务信息需要披露的是与上述方面无关的信息内容，主要信息内容包括企业的基本情况和运营活动、股东情况、各种临时披露的信息。在信息披露的方式上主要涉及的是披露的方式问题，企业的信息应该通过定期披露和特别披露两种方式进行披露，定期披露主要是通过定期报告，如年报、中报和季报等进行披露，需要每隔一段期间便进行披露，而特别披露主要是当企业出现特别情况的时候需要通过报告进行披露。企业信息披露需要通过规范化的信息披露表格予以披露，这样就可以避免信息披露的随意性，便于信息的劣势方对信息的了解。

（2）加强改制企业信息披露的外部监管制度建设。传统企业对于企业外部监管机构在信息不对称方面的治理作用重视不够，很多监管机构在监管企业的信息不对称方面没有发挥其应有的治理作用，而是"监"而不"管"；有些监管机构明知企业在信息披露方面存在问题，仍然没有进行管理，而是听之任之，助长了企业信息优势方垄断信息的行为，增加了信息劣势方信息的搜索成本。

人力资本入股企业应该扩大企业外部监管机构对企业信息不对称的监管作用，这些监管机构在传统的法定监管机构的基础上还需引入和完善传统的第三方中介机构；传统的法定监管机构包括证监会、证交所等机构，企业应该依法定时向证交所和证监会等披露企业信息，这样信息劣势方就可以从这些机构获取信息；同时还应该引入像证券分析机构、信用评级机构、会计师事务所等第三方中介机构，这些机构能够对企业的经营情况做出专业的预测，同时还可以根据企业提供的信息分析企业情况，这些都有助于解决信息优势方对信息的垄断，同时还可以有效地降低信息劣势方搜索信息的成本。

第十章　人力资本出资的会计制度安排研究

　　会计是现代企业的一项重要的基础性工作，通过一系列会计程序提供给决策者有用的信息，并积极参与经营管理决策，提高企业经济效益，使市场经济健康有序发展。为保障人力资本与物质资本具有均等机会和同等权利分享企业剩余，本章进行了人力资本出资的会计制度安排研究。本章首先从分析会计的本质入手，在资本结构的变迁分析的基础上构建了会计制度体系的整体分析框架；然后在此基础上重构了传统会计制度体系，具体从人力资本出资的投资会计制度安排、人力资本出资的企业经营活动会计制度安排和人力资本出资的企业会计报告制度安排三个方面进行了重构。

一、会计的本质及其制度安排整体分析框架构建

（一）会计的本质分析

　　会计是现代企业的一项重要的基础性工作，通过一系列会计程序提供给决策者有用的信息，并积极参与经营管理决策，提高企业经济效益，使市场经济健康有序发展。或者说会计是以货币为主要计量单位，反映和监督企业的一种经济管理工作。企业会计主要反映企业的财务状况、经营成果和现金流量，并对企业经营活动和财务收支进行监督。

　　那么，会计作为一门商业语言，它的本质又是什么呢？从不同的角度来看，仁者见仁，智者见智。"会计是一个信息系统——一个预定向利害关系方面输送关

于一家企业或其他个体有意义的经济信息的系统。这个经济信息的输送过程包括输出者和接受者两个方面。"（西德尼·戴维森，1977），"会计是旨在提高企业和各单位活动的经济效益，加强经济管理而建立的一个以提供财务信息为主的经济信息系统"（葛家澍，1983）。

现代的会计理论认为会计的职能就是反映与监督，又称为核算和控制。现代企业制度的本质特征是投资人的所有权与企业法人财产权的分离，典型形式如有限公司。由于企业投资人的所有权与经理人员的经营权的分离，因而形成了委托—代理关系。实际上这种"代理关系存在于一切组织、一切合作性活动中，存在于企业每一个管理层级上"。也就是说，企业是由与企业契约有关联的各种利益集团组成的。这些团体为了各自的利益，为企业提供生产要素的投入（资本、管理、技术、人工等），以期从中获得报酬。但由于它们之间存在着利益冲突，为了降低代理风险与成本，提高代理效益，自然要通过有形或无形的契约来限制不利企业价值增长的行为和合理分配企业创造的剩余收益。所以说，现代会计的目标一方面就是以货币度量形式将企业的所有发生的相关日常经营业务的价值方面进行确认、计量、记录、报告，最终以财务报告的形式将经营者的受托责任向委托人报告，并通过第三方的独立审计，以继续或解除经营者的受托责任。而向信息使用者提供与决策有用、可靠的信息可以说就是会计的基本职能。

（二）资本结构的变迁分析

随着社会经济的发展，物质资本的"权位"逐渐被弱化，人力资本开始在知识、技术密集型企业里由崭露头角到成为主导。从企业的角度来看，我们看到的是大多企业无法避免地出现了资本结构的新变化，并使传统的财务管理资本结构理论已不能适应当前的经济发展需要。另一方面，从"经济人"的假设理论来看，物质资本所有者因为逐渐发现不与人力资本所有者签订合约进行合作，企业在竞争与发展的过程中损失的交易成本将远远大于双方进行合作所产生的制度成本，这里的制度成本当然包括了委托—代理过程中的监督成本。而人力资本所有者更多地作为新经济社会的重要阶层的出现，本身人力资本的存量的提高，质的提升与社会对其的投资、家庭的投资、个人的投资在进入企业前所付出的机会成本也是非常大的，所以优秀的企业家就天经地义地要求企业物质资本的所有者支付更多的报酬，甚至包括分享企业的剩余利润，而不仅仅是简单的企业经营管理的控制权。于是，在企业的发展过程中，就"无形"地出现了人力资本与物质资本双方博弈的过程，企业的资本结构在这变化的博弈过程中也就出现了新的构成内容与"动态"的振荡变化。

1. 传统的物质资本为主导的资本结构

在传统的物质资本客观上比较缺乏的社会经济时代，物质资本存在着"与生俱来"的独有的特权，是企业所有资本投入的唯一来源，企业的实收资本全部都是物质与财产资本。而在那时的农业经济时代，"物"本身的缺乏相对导致了"人"的重要性不那么引起重视与关注。社会经济的增长更多的是依赖物质资本与自然资源的多少，所以，包括理论者尚未开始有效探讨人力资本理论的研究，传统资本结构理论更多的只是表明物质资本"说了算"与物质资本的增减变动成为资本结构变化的唯一原因。

不管是早期的还是较新的资本结构探究，理论分析只是囿于物质资本为企业唯一的资本来源，只是来源的形式不同或具体多少变化，一部分来自企业所有者自己投入的物质资本，一部分来源于债权人投入的物质资本。

工业经济时代的到来，一个重要标志就是制造业的发展，而科技的进步与人力资本存量的不断增加使产业结构发生了重大变化，制造业为国家带来的财富比重逐渐缩减，而依托知识与能力的人力资本的信息业和服务业创造的国民生产总值中的比重却显著增长。人类知识的更新显示以 5 年翻一番的速度扩增，远远超过了物质资本的增长速度，未来期间，资本结构变化的进程将更加提高速度。由于人力资本的形成和积累，并有效地推动了经济的增长。并且对人力资源的投资能获得收益的递增性，投资得越多，经过一段特定时期后获得的边际效益就越多。企业逐渐发现，非物质性即人力资本的投入而创造的产品附加值在产品的总的附加价值中所占的比重越来越大，企业的销售收入与利润越来越依靠非物质性投入所创造的部分的比重。一切随着经济社会发展的客观规律的作用，人力资本的谈判筹码越来越多，双方的博弈进入了一个新的阶段，物质资本与人力资本共享企业权益的资本结构应运而生。

而传统的物质资本结构构成内容到新的人力资本元素的进入，新的资本结构变化对企业产生了新的影响与制约。①对企业成本与收入结构的影响，传统的产品生产，物质的生产资料成本占去了相当大的比例，而由于前说的劳动的"技术含量"不高，复杂程度低、劳动的工资报酬低，这都使产品中人力成本的比例不高。但是，在高新技术产业中，高的人力资本存量的职员能生产出超高价值的产品，并能同时获得高额的工资报酬与年终奖金甚至分红，这产品中的人力成本的比例就显著提高，同时为企业带来的收入也急速递增。如在信息服务、咨询服务、IT行业中，技术研发与管理的高级人才发生的成本主要就是人力成本，而他们创造的收入比物质性投入所创造的比重要大得多。②企业竞争与人才的争夺，20世纪90年代后，美、日两国的竞争格局发生了变化，究其原因就是美国依托知识经济的七大产业，并投入巨额的研发。企业的竞争发展到最后，归根结底就是人才的竞争，人力资本进入资本结构范畴，促进了经济的增长，而企业进一步的发展就反过来需要更多更优秀的人才与人力资本存量的储备。③社会财富重新分配的影响，传统的农业经济的主导地位逐渐被工业经济取代，拥有丰富的土地、劳动、财产资本等社会财富的物质资本所有者手中的财富也向工业资本家、企业家、知识与技能者的身上转移。新资本结构的变化导致了人们收入结构的变化，知识性劳动者有了筹码坐上了谈判桌，获得了公开与物质资本所有者博弈的席位与资本。在现代经济，知识正成为真正的资本与首要的财富。而在这种情况下，在确认人力资本的基础上，就无法避免地必须承认人力资本权益的确认问题。人力资本入股获得权益的理论就开始逐渐被理论界、人们与社会所接受，人力资本开始由分享资本结构构成小部分向主导地位迈进。

2. 人力资本与物质资本共同主导的资本结构

经济社会的发展导致了人力资本从后台走向了前台，资本结构的含义也发生了新的变化，另一方面也必然涉及物质资本与人力资本在企业整个资本结构中各自所占的比例构成。

（1）资本结构理论的拓展。传统的资本结构主要是指企业各种物质资本的价值构成及其比例关系。有广义与狭义之分，通常所说的资本结构是从狭义的角度，也就是说企业各种长期资本价值的构成及其比例关系。而经济社会的发展必然导致了人力资本"挤占"物质资本构成比例越来越多，人力资本在博弈的过程中开始占据主动。新的资本结构理论内容的拓展必须是包含了人力资本的构成部分，从狭义角度看，企业的资本结构是指各种长期资本如股权资本、债权资本，另外还包括新的人力资本的价值构成及其比例关系。

（2）人力资本与物质资本共同主导的资本结构的诞生。现代新商业经济形式的出现，物质资本不再是"短缺"，而是过于"丰富"，而持有物质资本的个人进行创业，没有优秀的管理团队、核心技术研发能力、人力资本存量质的提升，依靠简单的社会化生产是很难在市场经济竞争中立足的。于是，物质资本的过剩投资价值导致了人力资本的"稀缺"珍贵性。

人力资本所有者在与物质资本所有者博弈的过程中，因为"谁创造的财富或价值越多，谁受益越多"的逻辑，而获得了越来越多的筹码，逐渐把物质资本在资本结构中"挤"出了主导地位，人力资本成为企业资本结构的主导构成模式。人力资本从开始进入企业，到分享物质资本所有者小部分，进而到以知识、智慧、技能折价评估入股，成为企业最大的股东，这是经济社会进步发展的需要，也表明企业的发展未来"以人为本"的主导核心地位。

（三）人力资本出资企业的会计制度安排整体分析框架构建

传统的会计没有考虑人力资本的信息反映，传统的财务管理也忽视了人力资本的关键作用，财务管理的理论体系依旧把人力资本排除在企业价值发展之外，因此导致企业实际的价值与账面价值的客观不符，这也违背了会计核算的可靠性原则，已不能反映企业现实经济的发展问题，表现出了明显的滞后性与不适应性，需要对其构成内容的功能进行拓展。

传统的财务管理理论主要是围绕物质资本及其变化运动展开的，并形成了物质资本的筹集、投资、营运管理与利润分配的内容体系。随着人力资本成为资本结构的主要构成部分，这必然会引起财务管理内容与功能发生根本性的相应变化。下面笔者就根据物质资本在企业中的运动过程，对财务管理的内容、功能从以下几方面进行一定拓展：①投资与融资管理。人力资本的投资一定程度上是一种战略性、高收益和高风险的特殊资本的投资。企业对人力资本的投资目标一般有：企业战略价值最大化、投资风险价值最大化、人力资本存量的保存与提高最大化。人力资本的投资包含初始支出与后续支出，另根据传统物质资本的最佳资本结构理论，人力资本投资也要考虑投资收益、投资时间、投资风险等因素，以达到人力资本与物质资本组合的最优资本结构。对于融资，企业可以通过对外招聘进行外部筹集人力资本，也可以内部的继续教育、培训进行人力资本的内部融资，并且人力资本的融资我们可认为具有股权与债权的双重性质。②资本运营功能。人力资本运营是指企业的一种经营管理活动，首先通过战略性投资形成特定技术结构的人力资本存量，然后对这些专业化功能与不同形态的人力资本按照组织目标及要求加以激励使用、整合配置和协调控制，从而达到人力资本保值增值、实现团队产出和组织收益最大化的目的。资本运营功能的内容应包括人力资本与物质资本。现代企业人力资本运营，一般来说，包括三大运作管理层面：人力资本投资战略规划与企业人力资本的形成管理；通过制度安排和激励机制促进企业人力资本使用效率及绩效水平的不断提高；适应外部市场竞争环境，保持、维护和整合企业人力资本存量。企业人力资本运营还是一个持续不断的、周而复始的动态过程，在这一动态运作过程中，运营者必须用战略眼光和计划管理能力对人力资本投资活动进行预期决策，并设计和制定相应的激励机制及方案。更重要的是在人力资本运营过程中，企业管理者还要注意对人力资本所有者的精神回报，不但要考虑人力资本所有者的"经济人"的一面，也要考虑"人性"的精神层面，通过企业文化与良好的工作氛围，让人力资本所有者找到归属感。因为人力资本的产权特性，必须讲究物质回报和精神回报的统一，才有可能对人力资本所有者进行"有效激励"。③收益分配管理。新商业经济时代企业的价值是人力资本与物质资本的高度整合，两类资本的高度协调才能使企业价值不断提升。由于物质资本的同质性，企业可以根据既定的经营结果设计相应的利益分配制度来分配利益。但是，人力资本具有异质性、不确定性和主观能动性，企业应充分考虑其特性，设定对应的剩余收益分配制度。人力资本对企业剩余索取权的分享应该包括两个方面：第一个方面在人力资本和物质资本之间进行分享；第二个方面分享在拥有人力资本产权的企业家、管理者和普通员工之间内部进行。在企业实际生产中，第一种分配主要根据人力资本和物质资本的相对稀缺程度。企业所有人力资本所有者分享到的第二种情况还必须在人力资本内部进行收益分配。分配的依据是不同个体人力资本在创造企业剩余价值利润中所作的贡献大小。

为此，我们可构建起人力资本出资企业的会计制度安排体系整体分析框架，具体可分为：其一是人力资本入股视角下企业投资会计制度安排；其二是企业生产经营过程中，人力资本入股视角下企业经营活动的会计制度安排；其三是人力资本入股视角下企业会计报告制度安排。

二、人力资本出资的投资会计制度安排

（一）人力资产的确认制度安排

资产是指企业过去的交易或者事项形成的、由企业拥有或者控制的、预期会给企业带来经济利益的资源。资产具有如下特征：①资产预期给企业带来经济利益；②资产应为企业拥有或者控制的资源；③资产是由企业过去的交易或者事项形成的。资产会计确认是指将某一项资产正式地记入或列入某一主体财务报表的过程，包括同时用文字和数字表述。在我国企业会计理论制度和实务中，资产会计确认一直是非常重要的一个环节，它决定了会计核算主体即企业何时将发生的具体的经济业务记录为何种会计要素，从而达到向企业相关内部与外部的利益集团提供符合要求的信息这一根本目标。由于以往会计核算范围大都针对物质资产，很少甚至没有涉及人力资本信息，所以传统的会计确认制度安排只有物质资产确认。根据会计确认主要基础权责发生制原则，人力资本出资能导致企业人力资产的增加，又因为人力资本本身独有的特殊特征，如人力资本的不确定性、可变性、潜在性等，应区别于物质资本的确认。因为传统会计理论尚未有后续确认的妥善定义，针对人力资本本身确认的特殊性，故应在目前会计确认的制度中拓展为初始确认和后续确认两部分。人力资本的初始确认制度是以人力资本的名义人力资本量为确认依据，而后续确认制度是以人力资本的实际人力资本量为确认依据。

人力资本初始确认就是要把某人力资源肯定并完整确认为企业的名义资产。当该资产发生了转移或者企业无法继续准确获得其控制权时，应该考虑终止确认。当人力资本初始确认后，人力资本所有者因能力的积累与提高，职位发生了升迁，在企业内部换了不同的部门；或者当人力资本所有者所在为集团公司，劳动者个人从一内部子公司换到另一子公司任职时，那就应在原初始确认的基础上进行一个再确认，也就是有必要的后续确认。

（二）企业人力资本投资会计核算制度安排

根据传统的会计理论，企业对物质资本投资是建立在四大会计核算基本前提下的，其中有个基本假设就是会计分期。另外，在权责发生制的基础上，根据传统企业会计的资本性支出与收益性支出的核算原则，企业必须严格区分资本性支出与收益性支出，否则就会造成企业的利润与事实不符，违背了企业会计的"可靠性"原则，给决策者提供错误的信息。为了准确地对人力资本初始投资进行会计核算，可以看出，首先对人力资本投资构成进行相关分析是存在必要性的。

1. 企业人力资本投资的构成分析

企业对人力资本的投资是为了使企业人力资本存量从量与质两个方面得到提高，量的方面可以对外通过招聘新的职员得到提高，质的方面可以对企业原有的职员进行继续教育、培训而使企业员工能力得到新的积累，最终为企业创造更多的收益。

根据员工进入企业的时间进程顺序，从人力资本所有者个人的角度，我们可以把投资方式看为：进入企业前的人力资本的投资、进入企业期间的人力资本再投资。前者我们认为包括国家、社会、家庭、个人对人力资本的投资，后者包括企业、个人对人力资本的投资。而站在企业的角度，我们可以把企业人力资本的投资构成分为：职员对外招聘投资、入职前各种培训投资、在职中人员的再投资。对于在职中人员的再投资，还可分为在职培训支出、不脱产培训支出和脱产培训支出。

2. 企业人力资本投资核算周期与收益性支出制度安排

因为人力资本所有者的招聘、培训和在职可能都与会计年度无法完全一致。笔者认为应该以人力资本所有者与企业签订劳动合约开始日为初始期的开始日，继续以会计年度为人力资本的核算周期，对于跨年度或者不满一年的人力资本投资都可以按传统会计核算原理计算。

对于人力资本所有者来企业实习以及所招聘人员留待企业不超过三个月的，可以把该过程中发生的支出进行费用化，因为实习人员一般为企业带来的收益并不多，而且带来的收益期限不到三个月，这也是根据实质重于形式的会计核算原则。另外，对于企业平时支付给员工的一般工资薪酬，应看作是使用支出，为了会计核算的简便，避免财务人员工作的不必要烦琐，根据传统的会计核算方法与原理，应继续把其在发生的当期计入期间费用。

三、人力资本出资的企业经营活动会计制度安排

（一）传统物质资本主导下企业经营活动的会计制度分析

企业经营活动是指企业主经过筹集企业进行生产所需要的资金、生产设备的购入、厂房的建设、从事生产与管理的职员的招集等一系列的生产准备工作后，企业日常进行管理、生产的活动过程。在传统物质资产主导的资本结构模式中，会计制度只考虑物质资本是企业唯一的资本来源，仅对物质资本的经营活动进行核算。

具体来说，企业经营活动从物质资本投入的角度来看，涉及企业原材料的购进、加工过程中物质和人力的消耗、产品销售过程的支出、产品销售后资本保值或增值的实现、企业期末人力资本报偿性报酬的支付与利润分配等。而这整个生产经营过程，通过传统的会计制度进行反映与控制，如企业会计制度与会计准则通过会计科目制度的安排、复式记账法制度的安排、企业凭证处理的制度安排、企业账簿制度的安排、企业的会计报告制度安排来反映企业日常的过去发生的交易与事项，即经营活动业务内容。企业经营活动可以看作是物质资本的运营、周转、价值实现的过程，也就是物质资本流动的过程，只是在流动过程中物质资本表现形式发生了变化，如从资金——原材料与设备——半成品与产成品——资金等形式的变化。

（二）人力资本出资的劳动者价值权益制度安排

1. 传统企业会计制度人力资本价值权益反映的局限

马克思的劳动价值论认为，企业的职员被雇佣后，结合其他物质生产资料，一方面，通过人力劳动把物质资料如原材料进行了加工、消耗，同时生产过程中

机器设备得到了损耗，这部分物质资料的价值都转移到了新的产品中成为生产成本或者当期费用化；另一方面，在把物质资料的价值生产转移到产品中去时，是通过人的劳动、技术、管理，最后生产出的产品价值还有一部分是人的劳动力的价值。而产品的价值通过销售流动得以实现，实现的价值扣除生产费用、生产成本、劳动人员的报酬，一般还有剩余，这就是利润，也是劳动者创造的剩余价值。

传统的企业会计核算一般没有考虑人力资本价值信息的反映，对于人力资本的价值不仅没有进行有效货币计量，甚至非货币性计量方式也很少采用。由于没有对人力资本价值的确认与妥善计量，就更无法从核算制度、财务报告上反映与披露人力资本的价值权益。一般情况下，是把其载体个人人力资本的能力价值提高通过企业的"应付职工薪酬——工资/职工福利/奖金"账户来反映，而计提工资时还是把这部分价值计量金额计入了当期费用，并没有反映企业人力资本价值资源作为一种特殊资产的增加，脱离了会计核算的可靠性原则。所以，从企业的决策者来说，一方面很难获取关键人力资本存量提高的价值信息，另一方面也很难有效获得企业人力资源的整体价值变化的信息。只能通过企业人力资源部提供的企业人员多少与变化的信息，来对企业的人力资本价值有个大概的了解。

2. 人力资本的补偿价值权益与剩余价值权益探析

人力资本所有者的价值权益的全面价值包括补偿价值权益与剩余价值权益两部分。而在人力资本没有成为资本结构的主导成分的环境中，人力资本所有者是不可能得到全面价值的。在物质资本主导的条件下，人力资本由物质资本所雇佣，其所有者一般只获得补偿价值权益，即只获得能够基本继续维持再劳动的报酬，当然，这份报酬还包括了劳动者家属的新的劳动力的生计维持的家用数额。通常人力资本补偿价值权益以企业支付的工资薪金表现出来，而工资的数额并没有包括人力资本所有者多创造的剩余价值，剩余价值的全部为企业物质资本所有者所占有。

显然，在物质资本和人力资本共同主导的资本结构下，人力资本所有者获得人力资本的补偿价值权益与部分剩余价值权益。只有在人力资本主导的资本结构下，人力资本所有者才有可能获得劳动的全面价值。

（三）人力资本流动的会计制度安排

在企业生产经营过程中，人力资本的载体即劳动者个人把其人力资本折股投入企业后，随同其载体在企业中流动，表现为个人进入企业、留待企业到退出企业的过程。

1. 传统的企业会计中人力资本流动的反映

如前所述，一般情况下，当企业从外部招聘到员工时，该职员的档案信息由企业人力资源部保管或整理。而且在招聘过程中发生的各种支出，也是一般计入当期的费用。传统的会计核算可以说更多的是对人力资本的成本支出有一定的反映，但是人力资本载体的素质与能力也可以成为资产，为企业带来收益，甚至创造收益的能力要大于一般物质资产。传统会计对于人力资本流动的反映一定程度上导致了会计信息的失真，也可能诱发企业管理者为了追求短期利润的短期行为。人力资本流动过程中，其成本、价值及其投资方面的变化信息都没有得到充分反映与披露。

2. 人力资本进出企业的会计核算制度安排

在企业经营活动中，由于企业规模的扩张除了增加企业物质资产规模以外，通常也需要从外部招聘人才。而从外部招聘人才就涉及了人力资本的流入。企业发展需要增设新的部门与岗位，也可能对原有的岗位进行细分而增设岗位。在会计核算实务中，企业招聘过程中发生的招聘费、差旅费、补偿费等不能不加区别全部地计入资产性支出。如企业招聘到关键人力资本所有者，且金额较大，以上费用会计核算时可计入账户，借：人力资产——××人，贷：银行存款、现金、实收资本等。若录用关键人力资本所有者，根据评估的价值或人力资本市场同类人才的参考价值，暂作分录为，借：人力资产——××人，贷：人力资本。对于关键人力资本价值以后期间可能发生变动，或录用时价值评估得不准确，可在以后确定期间进行相应调整，根据差额计入相应账户。人力资本所有者在企业经营过程中，计发工资、福利费时应视为收益性支出，分录可为：借："人力资产成本费用"科目，贷：应付职工薪酬。因为人力资本所有者个人随着时间推移，也有身体、脑力、健康的损耗，根据会计"谨慎性"原则，类比于传统会计对于固定资产的核算，可计提人力资产折旧，借方计入"人力资产成本费用"科目，贷方计入"人力资产累计折旧"科目。人力资本所有者任职过程中，如发生意外或者身体健康恶化而导致人力资本价值急剧下降情况，在对其价值没有完全丧失前，如有充分证据表明该项人力资本价值有减值现象，应计提"人力资产减值准备"，表明该项人力资产的贬值，如实反映人力资产的价值情况。分录可为：借方计入"资产减值损失——人力资产减值损失"，贷方为"人力资产减值准备"。

对于人力资本所有者个人退出企业，即人力资本流出企业的会计核算制度安排设计，笔者认为应区别对待，根据会计"重要性"原则，对于高级技术管理人才等关键人力资本所有者退出企业，应按个人实名明细科目确定该人力资产的账面净值，并对其予以注销。而一般员工退出，应根据该类人力资产的原始价值扣除累计折旧与抵减人力资产减值准备后的净值，除以该类人力资产的总人数，求出个人单位价值，并以此金额价值确定其退出时的账面价值，予以注销。当然，两种情况下都要相应冲销企业"人力资本"账面余额。分录可为：借方计入"人力资产累计折旧/人力资产减值准备/人力资本/人力资产损益"，贷方账户为"人力资产——×××"或"人力资产——×类人员——×××"。期末人力资产损益要结转入"本年利润"账户，没有余额。

3. 人力资本内部流动会计核算制度安排

为了准确反映人力资本内部流动的信息，有必要进行相应的账务处理。而对于该人力资本内部流动价值差额的计量，实务中可根据参考人力资本市场同类人才的价值金额，以及与人力资本所有者个人秉着公平、公正而协商的公允价值计量属性的选择，进行有效的会计核算与控制。若人员上调岗位，应根据差额计入借方"人力资产——×××"，贷方计入"实收资本——人力资本"科目；反之亦相反。而内部流动其他账务处理与人力资本流入与流出原理一致。

（四）人力资本参与企业剩余收益分配制度安排

按照会计制度，企业在提取盈余公积金和公益金后，可向投资者分配利润。根据人力资本出资后，投资者既包括物质资本投资者，也包括人力资本投资者。根据"谁投资，谁受益"原则，人力资本所有者同样可以根据股份出资比例参与分红。会计分录可为借计"利润分配——人力资本分配利润"，贷计"应付利润/应付股利"；当向人力资本所有者支付红利时，借计"应付利润/应付股利"，贷计"现金/银行存款"会计科目。若企业发生亏损，人力资本所有者应根据人力资本出资比例承担经济责任，同担企业亏损。当企业某年亏损由"公益金"和"盈余公积金"弥补时，会计分录可为借记"公益金/盈余公积"科目，贷方记"利润分配——盈余公积弥补亏损"。期末，应把相同金额结转入"未分配利润"，分录可为借记"利润分配——盈余公积弥补亏损"，贷方记"利润分配——未分配利润"。

四、人力资本出资的企业会计报告制度安排

企业会计报告制度是综合反映企业一定时期财务状况和经营成果的报告文件。在企业日常会计实务操作中，会计人员运用专门的核算方法，填制审核凭证，设置登记账簿，进行成本计算和财产清查，将个别、零散的发生的经济业务全面、连续、分类、系统地反映到账簿中，然后依据账簿贬值会计报表，提供系统、综合的会计报告信息。

（一）传统的会计报告制度安排

企业各相关利益集团为了尽量避开"信息不对称"理论的障碍，需要索取获得企业传统物质资本保值与增值的信息，而传统的会计报告更是企业会计信息汇总、处理的信息源。特别是对于上市公司，其组织形式已经使其股东扩展到社会公众，会计报告的阅读者也延伸到了社会民众。为了提供信息服务，满足社会各利益方对公司会计信息的需要，会计报告根据不同的信息需求对象，其制度安排可概括为：①为投资者合理决策提供信息依据；②为债权人提供信息依据；③为政府有关部门管理、有效监督提供信息依据；④为企业管理者改善经营管理提供信息依据。

但传统的会计报告制度既没有反映人力资产的价值信息，也没有反映人力资本变化情况，一定程度上实际低估了企业资产的总额，忽视了人力资本与其所有者创造性劳动对企业利润的贡献，这也违背了传统会计的"可靠性"原则。企业通常把取得、开发人力资源而发生的费用支出全部计入当期损益，这很大程度上

违背了当期收入与费用的配比性原则，也一定程度上违背了"资产性与收益性支出"原则与"实质重于形式"会计核算原则，从而不可避免地形成了企业财务状况与经营成果信息报告的失真。

（二）人力资本出资的会计报表制度安排

会计报表依据主从关系可分为主表和附表。主表主要包括资产负债表、利润表、现金流量表，为了反映企业的财务状况和经营成果基本情况的会计报表；附表是对主表中某些项目予以说明和解释的会计报表。为让报表全面、清晰、易懂，必须相应增加对应的人力资本会计科目的安排，主要包括"人力资产"、"人力资本"、"人力资产累计折旧"、"人力资本成本"、"人力资本收入"、"人力资本损益"、"人力资本利润"等账户。

1. 资产负债表拓展制度安排

资产负债表是一种静态报表，引入人力资本会计要素后，应对会计恒等式进行拓展延伸，会计平衡公式可改变为：

资产＝物质资产＋人力资产＝负债＋人力资本所有者权益＋物质资本所有者权益 (10-1)

根据新的会计平衡公式，可编制新型资产负债表，具体如表 10-1 所示：

从表 10-1 可以看出，资产区分为物质资产与人力资产，企业的权益也包括三方：债权人权益即负债、人力资本所有者权益、物质资本所有者权益。相对于传统的（物质资本）所有者权益，人力资本所有者权益也包括四部分：人力资本、人力资本资本公积、人力资本盈余公积、人力资本未分配利润。

表 10-1　人力资本出资的新型企业资产负债表

编制单位：　　　　　　　　年　月　日　　　　　　　　单位：元

资产	年初数	年末数	负债及权益	年初数	年末数
流动资产：			流动负债：		
……			……		
待摊人力资本费用			应付物质资本所有者利润		
其他流动资产			应付人力资本所有者利润		
流动资产合计：			……		
长期投资			长期负债		
固定资产净值			……		
无形资产			负债合计：		

资产	年初数	年末数	负债及权益	年初数	年末数
人力资产 人力资产累计折旧 人力资产净值 ……			人力资本所有者权益： 人力资本 人力资本资本公积 人力资本盈余公积 人力资本未分配利润 人力资本所有者权益合计： 物质资本所有者权益： 实收资本 物质资本资本公积 物质资本盈余公积 物质资本未分配利润 物质资本所有者权益合计：		
资产总计：			负债及权益总计：		

2. 会计利润表拓展的制度安排

利润表是会计报表中的主表之一，是一种动态报表，反映企业一定时期生产经营成果的会计报表。利润表通过对企业一定时期的营业收入与同一期间相关的费用、成本进行配比，进而计算出企业一定时期的净利润或净亏损。目前，我国采用的利润表格式是多步式结构。

通过在传统会计利润表的基础上进行拓展就可以设计人力资本会计利润表，把企业获得利润区分为两部分：一部分为人力资本投资与经营所得；另一部分为非人力资本即物质资本生产经营所创造的收益，也就是传统物质资产带来的利润。所以企业利润总额除了包括传统的物质资本带来的利润，也包括人力资本创造的利润部分。在人力资本利润表中应单独列示"人力资本收入"、"人力资本成本费用"、"人力资本流动损益"、"人力资本投资收益"项目。

3. 现金流量表拓展反映的制度安排

企业现金流量表是以现金为基础编制的，反映企业一定时期内现金的流入与流出，表明企业获得现金和现金等价物的能力。根据企业的日记经营业务的性质可以把一定会计期间内产生的现金流量分为三类：①经营活动产生的现金流量；②投资活动产生的现金流量；③筹资活动产生的现金流量。

同样，在传统的财务会计现金流量表的基础上，对于人力资本现金流量表，也应在投资活动产生的现金流量单独反映企业为了获得人力资本或人力资源而发生的现金流出，以及人力资本投入所创造价值带来的现金流入。也就是说，在传统的现金流量表中单独增设"人力资本投资收益所收到的现金"、"人力资本投资所支付的现金"两个项目。

（三）人力资本出资的会计报表附注与报告分析制度

为了更准确可靠地反映企业的人力资本信息，根据会计"重要性"原则，也应相应编制人力资本会计报表附注与对以上报表进行相关财务报表的分析。

1. 人力资本会计报表附注制度

人力资本会计报表附注是对主表的补充，主要对主表不能包括的内容，或者披露不翔实的部分作进一步的阐述说明，也就是满足会计信息质量要求的"清晰性"原则，为了让报表使用者容易理解并获取有用的信息。人力资本会计报表附注在主要的财务报表的数据分析的基础上，结合通俗易懂的文字来解释企业财务状况与经营成果。对于重要的项目信息，而且有必要单独进行列示说明。报表附注是企业财务报告的重要组成部分，没有固定格式和内容要求，企业根据具体情况需要而定。一般地，人力资本会计报表附注应包括的内容有：人力资源或人力资本的概况和能力、人力资本财务信息的补充说明、人力资本财务信息的分析、人力资本相关会计政策变更等。

2. 人力资本会计报告的财务分析制度安排

人力资本会计报告的财务分析是对于整个企业财务报告反映的信息，分成不同部分和相关指标，并找出指标间的联系，进而达到分析企业偿债、盈利、发展、营运与抵抗风险的能力。另外可以较全面地了解企业对人力资产的拥有与控制、职员工作效率、人力资本存量的储备与提升等状况。

为了有效进行人力资本会计报告分析，可以相应增加几个财务指标，主要有人力资本报酬率、人力资产周转率、人力资本比率、人力资本成本利润率。其计算公式为：

人力资本投资报酬率＝净利润÷人力资产平均总额　　　　　　　（10-2）

人力资产周转率＝销售收入÷人力资产平均总额　　　　　　　　（10-3）

人力资本比率＝人力资本÷资产总额　　　　　　　　　　　　　（10-4）

人力资本成本利润率＝利润总额÷人力资本成本总额　　　　　　（10-5）

第十一章 人力资本分享企业剩余的 劳动分红案例研究

归纳起来，人力资本参与企业剩余分配主要有股权激励、动态股权制和人力资本入股三种形态。其中，股权激励和动态股权制实行的是人力资本在物质资本主导范式下参与企业剩余分配，而人力资本入股主张的是由物质资本所有者与人力资本所有者共同主导并分享企业剩余的分配范式。在目前经济社会中普遍实行的仍然是物质资本主导的系列游戏规则情况下，股权激励和动态股权制特别是股权激励在目前应用得最为广泛。而对于人力资本入股，由于人力资本为一无形资本及其自身特点和现实游戏规则原因，目前的应用尚处于探索发展阶段，较为成功并且影响深远的首推中国联想集团有限公司模式：劳动分红转股权模式。本章拟选择人力资本入股形态的劳动分红转股权模式，具体以联想股份有限公司作为个例，分析劳动分红转股权模式下人力资本参与企业剩余分配的劳资收益具体影响。

一、联想集团历史沿革

1984 年 11 月，中国科学院计算所在海淀区注册成立了一家公司——中科院计算所新技术发展公司，这就是联想集团的前身。该公司最初由计算所的 11 名员工组成，性质为全民所有制，注册资本 100 万元，计算所实际注入资本 20 万元和两间平房，到今天已经发展成为一家在信息产业内多元化发展的大型企业集团。

从新技术发展公司成立直到 1985 年 5 月，联想主要从事计算机技术服务和贸易，1985 年 6 月投资 70 万元研制和生产联想汉卡，不到半年就成功地推出了联想的第一个拳头产品——联想汉卡。联想的公司名称也由此而来。

1987年4月，由中科院计算所新技术发展公司和北京市海淀区供销合作社签订联营协议（5年），分别出资120万元和80万元，在海淀区注册成立中科院计算所计算机技术公司（实际上，新技术发展公司和计算机技术公司这两个公司的领导层是同一批人），企业性质为全民、集体联营。从现有资料看，这一联营的目的主要是为了解决营业场地问题，并且计算所给新技术发展公司的三项政策，实际上也适用于这个联营公司。不过，这个联营在产权问题上却有重大的含义：首先是法人财产权的进一步延伸，增加了新企业的独立性，这明显地增强了企业的经营自主权；其次是登记企业的性质为全民和集体，在当时的财务管理制度下，增加了企业会计处理上的灵活性。1989年8月，联营公司注册资本增加到3000万元（注册地点为北京），其中中科院计算所新技术发展公司出资2680万元，北京市海淀区供销合作社出资320万元，企业名称也变更为北京联想计算机集团公司。1991年3月，中科院计算所新技术发展公司更名为北京联想计算机新技术发展公司。1994年11月，经国家工商局核准，北京联想计算机集团公司更名为联想集团（去掉地区字头，注册地点不变），简称北京联想。1997年4月19日，双方达成提前终止联营合同的协议。同年5月5日，中科院商企局同意该公司变更企业性质为全民所有制。1998年，经国家工商局核准，联想集团公司更名为联想（北京）有限公司，企业性质变更为香港联想（上市公司）在内地投资的外商独资企业。

1988年，通过代理AST的产品，联想对中国PC市场的销售规律有了基本了解，决定自己设计生产PC。那时中国已经有了很多生产计算机的工厂，所以联想并未能取得生产许可证。为了突破这一束缚，联想决定进军海外，经过一番考察，联想将海外发展的起点定位在香港。1988年6月与香港导远公司、中国技术转让公司各出资30万港币成立合资企业"香港联想电脑有限公司"，简称为香港联想，三方各拥有33.3%的股份，该公司当时主要做贸易，销售AST的电脑。1989年买进了Quantum公司，创立了QDI品牌，并开始设计286主板，同时向海外销售，使主板的生产成为日后的主要业务之一。由于当时香港联想电脑有限公司的现有资金不足以运转这家公司进行再生产，香港联想决定增值扩资。资本金由90万港币增加到1100万港币，合资三方股权未变。这1000万港元是将当年该分的利润没分而折为资本金的。

1992 年，香港联想为满足上市条件，再次决定增资扩股，股本金由 1100 万港元增至 1.9 亿港元。当时，中国技术转让公司既不增资也不撤资，股权由 33.3%下降为 3.3%，北京联想和香港导远公司决定将中国技术转让公司剩余的 30%股权每家买下 15%。由于导远公司只能拿出 10 万港币，无力购买股权，北京联想就借 552 万美元给导远公司补足，条件是导远公司必须让出 5%股权给联想。于是 3 家股东在这次增资扩股后股权结构变动为：北京联想占 53.3%，导远公司占 43.3%，中国技术转让公司占 3.3%。1998 年导远公司还清北京联想贷款本息。

1994 年 2 月，香港联想控股公司股票在香港上市。1995 年，由于联想经营管理不善，导致亏损 1.9 亿港币，股价由 1.3 元跌至 0.3 元，整个公司的市值由 10 亿港币跌至 2.3 亿港币。北京联想和香港联想的业务格局是香港有一个指挥中心，北京有一个指挥中心，财务是单独核算的，形不成集团的一个统一指挥中心。1997 年开始，北京联想计算机新技术发展公司将北京联想和香港联想进行了整合，方案是将北京联想的优质资产与香港联想的股权进行置换，北京联想的其他资产由新技术发展公司接管。1998 年 6 月，京港整合完毕，整合后的联想把原来的十几种业务归并为 6 大业务领域，成立联想集团有限责任公司（香港上市公司），北京联想变成为香港联想集团有限责任公司的全资子公司。同时，北京联想计算机新技术发展公司在并入北京联想其他部分业务后更名为联想集团控股公司，成为联想集团有限责任公司的控股公司。

二、劳动分红与员工持股背景分析

联想是一家国有高科技企业，但它与那些国家投资几亿元、几十亿元厂房设备的传统意义上的国有企业又有明显的不同。尽管联想是由中科院计算所投资 20 万元创立的，但是此后包括中科院在内，国家没有再投入资金。柳传志认为，联想主要是依靠自我滚动发展起来的。并且，联想在发展的绝大多数时候，并没有按劳分配，而是在低工资、低福利的条件下，把绝大多数收入都投入到联想的发展中去了。所以，联想的资产中有一部分是属于包括最初的创业者在内的联想员工的。因此，联想的员工应该拥有联想的部分产权。此外，在 1993 年、1994

年前后，联想进入了一个新的发展阶段，此时，联想开始出现危机，现代科学技术的飞速发展，特别是IT领域的发展速度，使一部分为联想贡献了青春和精力的老员工由于知识和精力限制，力不从心，联想管理层老化问题日益严重，极大地阻碍了公司的发展。为了把一些有新知识有能力的年轻人充实到管理层特别是高级管理层，实现公司领导层的新老交替，为那些需要退下来的人包括一些最初的创业者安排一个合理的归宿。另外，很多国企的"59岁现象"和创业家晚节不保也是联想面对的反面教材。为此，联想向中科院提出由管理层和员工占有35%的分红权的方案（据柳传志后来回忆，当时他认为联想员工占有的分红权应该在50%以上才较合适，但是1993年和中科院磋商时，害怕定高了和中科院谈不下来，因此定为35%）。

1993年，联想从中科院计算所所办公司变为中科院院管公司。同年，经过联想和中国科学院磋商，中科院同意对联想分红权进行划分，确定按照中科院占20%，计算所占45%（1998年，中科院决定把所办资产变为院办资产，从而使计算所失去了联想股东的地位），联想自身占其余的35%的股权比例分红。当时划分的是分红权而非股权，之所以这样做，是因为当时体制和政策的限制，国有资产的股权属于财政部国资局，不属于中科院。中科院没有国有资产让渡权，但有利润分配权，因此有权给予联想管理层分红权。即便是对分红权的划分，当时在中科院系统也算是特例处理。但是，联想集团获得的是分红权，仅仅有这个支持是不够的，因为政策的变化往往具有不可预见性，要想让企业员工安心，关键在于能从产权的角度保障将来的收益。由此，联想开始了股权改革方案。

三、劳动分红与员工持股方案

联想这次股权改革涉及的就是员工持股会所拥有的35%股份，将这35%的分红权变为股权。联想集团当年经国务院特批，成立了员工持股会，将35%的分红权分到每个员工身上，并在2000年将其转化为股权，使员工真正成为企业的主人。柳传志后来回忆说："当时分红一年1亿元，但我们把这些应分没分的钱攒了起来，一直攒到了2001年，整整8年。"

1998年，联想更名为联想集团（控股）公司，成为香港联想的最大股东。

同时，按照 1993 年确定的比例，中科院和联想正式确定中科院拥有联想 65% 的股权，联想自身占有其余的 35% 股权。1999 年，联想集团经国务院特批，成立了员工持股会，将 35% 的分红权分到每个员工身上，联想又在集团内部推行员工持股计划。这个员工持股计划是分掉联想集团所拥有的那 35% 的股份。按照 1993 年就已经确定的方案，第一部分是创业员工，总共有 15 人，共获得其中的 35%，这些人主要是 1984 年、1985 年创业时的骨干；第二部分是核心员工，约 160 人，他们主要是 1988 年 6 月 1 日以前的老员工，将获得其中的 20%；第三部分是未来的骨干员工，包括现在的联想员工，获得其余的 45%。从图 11-1 可以较为清楚地看到联想公司当时的股权结构、劳动分红与员工持股关系的构成。

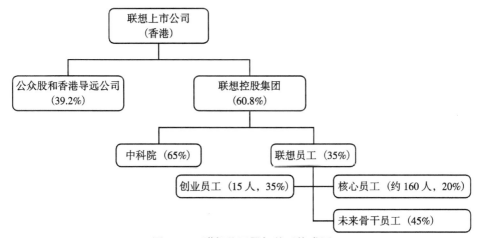

图 11-1 联想公司股权关系构成图

按照柳传志当初的设计，15 个创业者分员工持股会所持 35% 股份中的 35% 的股权，也就是占整个股份的 10% 左右，分成 15 份，柳本人分 2 份，常务副总裁李勤分 1.5 份，后来分配方案交到中科院，中科院将柳传志和李勤两人的系数分别增加到 3 份和 2 份，其他人平分。根据中科院最后确定的方案中的有关系数计算，联想总裁柳传志占联想员工持股总额的近 6%，常务副总裁李勤占接近 4% 的比例，其他 13 个最初的创业者分别各占近 2% 的比例。

按照联想的架构，联想股份的真正利益来自联想控股属下的香港联想上市公司。联想给予员工的不是股票，而是认股权。员工可以在一个规定的时间内把它变成真正的股票，持有的认股权成为员工收入中最主要的部分。经过这次股权改革后，柳传志持有 1026.6 万股，购股权 672 万股，曾茂朝持有 408 万股，购股权460万股，马雪征持有1907万股，购股权400万股（未计入他们持有的神州数码若干股票）。

四、劳动分红与员工持股劳资分配效果

（一）股权激励对象的分配效果

经过股份的分配，股权分红量已远远高于工资收入，年轻同事可以进入管理层，老同志也因此可以退居二线，公司也越做越好，创业元老中拥有一份、一份半股份的，一年就可以分到100万元或200万元利润。这样，大家才觉得没白干，这么多年的辛苦，终于有了收获。退休的200多人中，最低的也拿到七八万元的年利润分红，高的则能拿到二三十万元。

"联想"于1994年在香港上市（股份编号00992，现已成为香港恒生指数成份股），当时的总股数为17亿股，其中1.7亿股为职工股。此后"联想"（香港）与北京方面的业务完成整合，所以这1.7亿认股权证的分配将主要在内地员工中间进行。1998年金融危机中香港股市持续低迷，为救市并显示管理层信心，增强投资者对企业的长期信任，"联想"曾初步在部分高层管理者中间实施认股权证。1999年9月，第二阶段的员工持股开始实施，所有中高层管理者基本上都有了认股权。1999年12月"联想"股票价格在18元左右，除去1997年12月的集体认购价或1998年救市时的认购价，每个持股员工手中的股权市值均在100万元以上。随着第三阶段认股权证实施，来"联想"工作两年以上的正式员工都可能拿到认股权。据有关报道，柳传志现在身价已超10亿港币。

（二）股权改革的资方分配效果

1. 联想股改后的股价表现

联想股票市场价曾涨至17.4~18.9港元，之后由于1998年亚洲金融危机中香港股市持续低迷的影响，联想股价出现深度回落，但之后十多年来，虽然又经历了自 2008 年伊始的世界金融危机，但整体处于上升趋势（详见图 11-2 联想集团股价月 K 线图）。

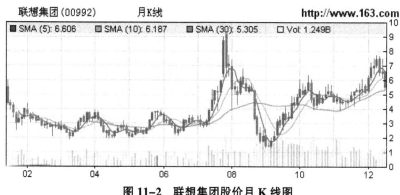

图 11-2　联想集团股价月 K 线图

2. 联想集团的营业额情况（1998~2011 年）

根据联想集团最近 14 年（1998~2011 年）公开披露的历年年报，该公司 14 年来的营业额增长情况见图 11-3。

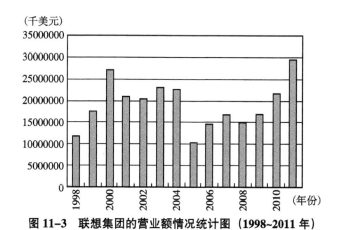

图 11-3　联想集团的营业额情况统计图（1998~2011 年）

3. 联想股改后的税后盈利情况（1998~2011 年）

根据联想集团最近 14 年（1998~2011 年）公开披露的历年年报，该公司 14 年来的税后盈利情况见图 11-4。

4. 联想股改后的每股收益情况（1998~2011 年）

根据联想集团最近 14 年（1998~2011）公开披露的历年年报，该公司 14 年来的每股收益情况见图 11-5。

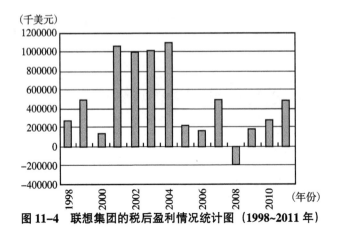

图 11-4　联想集团的税后盈利情况统计图（1998~2011 年）

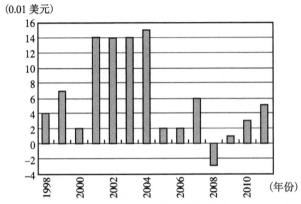

图 11-5　联想集团的每股收益情况统计图（1998~2011 年）

（三）联想集团的劳动分红转股权改革效果评述

当时，联想集团的劳动分红制度得到了中国科学院开明的领导层的鼎力支持，劳动分红制度下，红利的多少完全取决于企业的效益，这使全体联想人都关心企业的发展，而不只是一味地关心个人的利益得失，在很长一段时间内，确保了联想集团的飞速发展，从名不见经传到成为国内电脑行业的"龙头老大"，联想集团创造了中国企业发展的一个奇迹。

但劳动分红权毕竟不等于股权。2001 年，联想作为股份制改造的试点企业，由财政部、科技部、北京市牵头对其进行改造。财政部认为不能让国有资产流失，让联想员工拿钱买 35%的股份。经过评估，联想当时（2001 年）的净资产在打七折后为 4 亿~5 亿元，而由于近 8 年来员工所享有的分红一直没有被动用，所以柳传志便使用这笔资金向中科院买下了 35% 的实实在在的股权。应该说，劳动分红转股权改革的成功是与国务院及其有关部委、中科院、北京市的开明支持分不开的，如国家税务总局专门就北京市的有关请示进行批复，并在全国范围内被转发参照执行。[①] 而劳动分红转股权改革是联想集团发展史上的第二个"大拐弯"，为联想的持续发展和新老交替提供了可靠的制度保障，使联想集团从国内电脑行业的"龙头老大"成为一家全球知名的信息技术企业。[②] 在哈佛大学商学院的案例库里，中国企业只有两家，其一就是联想。在这个名为《中国科技的奇迹——联想在中国》的案例中，哈佛经济学家认为，在全球所有的发展中国家里，还没有哪个国家拥有一家全球知名的信息技术企业，除了中国、除了联想。

　　不过，股权量化到员工的哪个层次，却是比较棘手的问题。不像中小企业普遍采取的股份合作制那样量化到全体员工，作为高科技企业的联想集团把较多的股权分配到核心管理层或高级管理人员，采取分层次和按贡献的原则来配置认股权，虽然核心管理层或高级管理人员从中获得了巨大收益，也产生了强大动力，但联想集团广大普通员工被排除在外，不免有所失落。

---

① 详见本书有关附录。
② 联想二十多年大旗不倒，柳传志认为股权改革起了关键的作用。

第十二章　人力资本分享企业剩余的
股权激励案例研究

归纳起来，人力资本参与企业剩余分配主要有股权激励、动态股权制和人力资本入股三种形态。其中，股权激励和动态股权制实行的是人力资本在物质资本主导范式下参与企业剩余分配，而人力资本入股主张的是由物质资本所有者与人力资本所有者共同主导并分享企业剩余的分配范式。在目前经济社会中普遍实行的仍然是物质资本主导的系列游戏规则情况下，股权激励和动态股权制特别是股权激励在目前应用得最为广泛。而对于人力资本入股，由于人力资本为一无形资本及其自身特点和现实游戏规则原因，目前的应用尚处于探索发展阶段。鉴于此，本章拟选择股权激励形态，具体以北京双鹭药业股份有限公司作为个例，通过解剖麻雀，分析该形态下人力资本参与企业剩余分配的劳资收益具体影响。

一、背景分析

股权激励是指在经营者、员工与公司之间建立一种基于股权为基础的激励约束机制，经营者、员工以其持有的股权与公司形成以产权为纽带的利益共同体，分享公司的经营成果并承担公司的经营风险。股权激励起源于 20 世纪 50 年代的美国，1952 年美国辉瑞公司第一个推出面向所有雇员的股票期权计划，目前已成为西方国家应用最为广泛的企业激励手段之一。以美国为例，几乎所有的高科技企业、95% 以上的上市公司都实行了股权激励制度，近几年股权激励在我国也发展非常迅猛。

双鹭药业是从事基因工程药物研发生产和销售的一家公司，1994 年 12 月成立于北京，并于 2004 年 9 月在深交所上市（股票代码 002038）。公司拥有多种自主知识产权的药物，且一些研发项目曾获得国家科技进步一等奖，在同行业中有较强的竞争力。公司有员工 200 余人，其中研究生以上学历以及具有中级职称以上的员工所占比例为 38%，具有大专以上学历的员工占总数的 70%。并且公司医药中心被北京市认定为企业技术中心、博士后科研工作站。在质量管理方面公司是国内率先通过了 GMP 认证的一批企业。

双鹭药业于 2006 年 2 月 20 日发布了《北京双鹭药业股份有限公司股票期权激励计划（草案）》，并经过证监会审核无异议后于 2006 年 5 月 16 日召开的 2006 年第一次临时股东大会审议以 100%赞成的投票比例正式确认通过了该项议案。

二、股权激励的具体方案

双鹭药业采用股票期权制激励员工，公司用发行新股票的方式来解决股票的来源问题，发行的股票为人民币 A 股普通股，总数为 200 万股（初期数量为 200 万股，后经增发目前总量达到 540 万股），发行量占双鹭药业当时股本总额的 2.42%。

股票期权制的激励对象为公司高级管理人员、核心技术人员，条件必须符合以下两点：一是在公司任职满两年以上；二是在公司全职工作并领取薪酬。具体人员情况如表 12-1 和表 12-2 所示（表格数据根据双鹭药业在深交所公开披露信息整理而成）。

（一）股权激励对象及其基本情况

表 12-1 双鹭药业激励对象的个人信息

姓　名	职　务	国　籍	持有公司股份情况
徐明波	董事长、总经理	中国	18446400
王勇波	副总经理	中国	395280
周永新	副总经理	中国	无
梁淑洁	董事会秘书	中国	无
陈遥	核心技术人员	中国	无
卢安京	核心技术人员	中国	395280

姓　名	职　务	国　籍	持有公司股份情况
吴彦卓	核心技术人员	中国	无
席文英	财务负责人	中国	无

（二）股权激励对象的分配数额

表 12-2　双鹭药业激励对象的分配数额

姓　名	职　务	获授的股票期权数量（万份）	股票期权占授予股票期权总量的比例（%）	标的股票占授予时双鹭药业总股本的比例（%）
徐明波	董事长、总经理	80	40	0.97
王勇波	副总经理	20	10	0.24
周永新	副总经理	20	10	0.24
梁淑洁	董事会秘书	16	8	0.19
卢安京	核心技术人员	16	8	0.19
陈　遥	核心技术人员	16	8	0.19
吴彦卓	核心技术人员	16	8	0.19
席文英	财务负责人	16	8	0.19

该次授予的 200 万股新股票的行权价格为 9.83 元，此价格的确定是方案公布前一日股价和公布前 30 日内平均股价，两者取较大的一个，公布前一日股价为 9.81 元，公布前 30 日平均股价为 9.83 元，取 9.83 元作为行权价格。自授权日起三年后可以行权，行权期限为股票授权日起六年。行权条件必须满足以下三条：

（1）根据方案的考核办法，行权人前一年绩效考核合格。

（2）双鹭药业 2006~2008 年三个会计年度年复合增长率达到 25% 以上，即三年利润总和为 2005 年的 4.7656 倍以上。

（3）行权前一年，公司平均净资产的加权收益率不低于 10%，且是指扣除非经常性损益后的收益率。

三、实施股权激励的劳资分配效果

对于实施股票期权方案的劳资分配效果，我们具体从资方收益（表现为公司收益）和劳方收益（具体又细分为关键劳方即激励对象的收益和普通劳方两个收益）方面进行考察，考察情况详见图 12-1~图 12-8、表 12-3 以及表 12-4 等系列图表。[①]

（一）方案实施前后的资方收益情况比较

1. 股票期权方案实施后的同业横向比较分析

（1）与同业公司每股收益的比较。

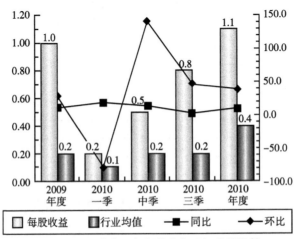

图 12-1　双鹭药业每股收益与同行业的比较

（2）与同业公司净资产收益率的比较。

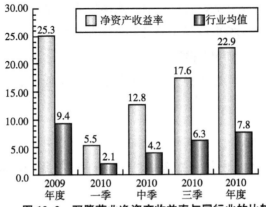

图 12-2　双鹭药业净资产收益率与同行业的比较

---

① 该系列图表系根据新浪财经网、巨潮资讯以及双鹭药业所公开披露的数据整理而成。

（3）与同业公司其他财务指标的比较。

表 12-3　双鹭药业其他财务指标与同行业的比较
（截止日期：2010-12-31）

代码	简称	销售毛利率（%）	排名	销售净利率（%）	排名	净资产收益率（%）	排名	每股收益（元）	排名
000513	丽珠集团	52.81	4	15.33	4	16.61	3	1.41	1
002437	誉衡药业	53.21	3	26.88	2	7.30	7	1.26	2
002038	双鹭药业	76.68	2	59.56	1	22.90	1	1.08	3
600276	恒瑞医药	83.82	1	19.34	3	21.38	2	0.97	4
002099	海翔药业	26.30	8	7.96	6	13.49	5	0.53	5
600420	现代制药	30.60	7	7.59	7	14.94	4	0.38	6
600466	迪康药业	47.54	5	9.61	5	5.98	8	0.18	7
000566	海南海药	36.57	6	5.46	8	7.73	6	0.16	8
与行业指标对比									
双鹭药业		76.68	2	59.56	1	22.90	1	1.08	3
行业平均		50.94		18.97		13.79		0.75	
该股相对平均值（%）		50.53		214.03		66.08		45.28	

从以上三个图表显示的几个重要财务指标中可以看出，双鹭药业实施股票期权方案后资方收益在同行业中具有相对领先优势。

2. 股票期权方案实施前后的自身纵向比较

（1）实施股票期权方案前后的营业收入比较。

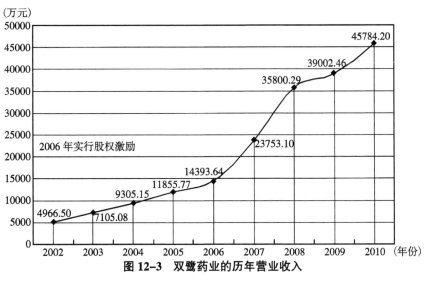

图 12-3　双鹭药业的历年营业收入

（2）实施股票期权方案前后的净利润比较。

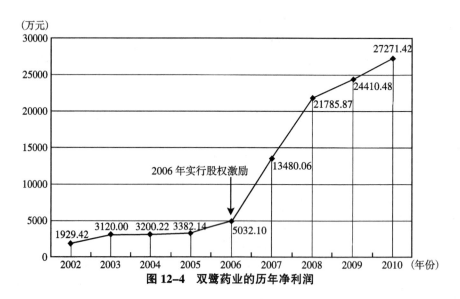

图 12-4　双鹭药业的历年净利润

（3）实施股票期权方案前后的股东权益比较。

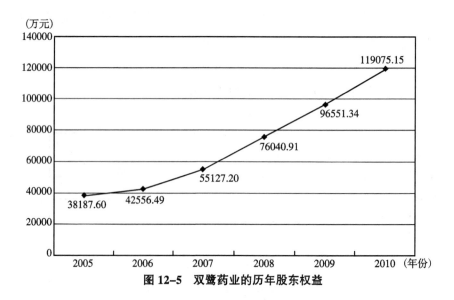

图 12-5　双鹭药业的历年股东权益

从以上图中可以明显看出，自 2006 年实施股票期权方案后，双鹭药业资方收益情况有了明显变化，收益得到了显著的改善。虽然双鹭药业在 2008~2009 年发展速度有所放缓，但这主要是受 2008 年经济危机大环境的影响，此时双鹭药业的经营状况应跟同行业进行比较，不能仅以当年的收益数据从而判定公司资方收益的增长速度减缓。总体来看，公司的营业收入、净利润和股东权益都得到了显著的提高，并且从最近同行业的业绩数据对比中也能看出，双鹭药业的业绩（表现为资方收益）在同行业中具有明显优势。

（二）方案实施前后的劳方收益情况比较

为了研究股票期权方案实施前后人力资本的收益情况，这里将人力资本分为两类分别进行研究：一类为关键型人力资本，即公司参与股票期权方案的董监高以及核心技术人员；另一类为未参与方案的普通型人力资本。由于双鹭药业的人力资本所有者数量随公司的发展每年都有变动，因此研究人力资本总体收益的情况是不科学的，于是，拟研究双鹭药业人力资本所有者的人均收益情况。

1. 方案实施前后的关键型人力资本收益情况比较

公司的董、监、高和核心技术人员是股票期权方案的实施对象，2009 年之前其收益主要为工资和各项福利，从 2009 年开始，董、监、高和核心技术人员新增了一项股票期权的收益。

股票期权方案实施前后董、监、高和核心技术人员收益情况的对比如图12-6所示：

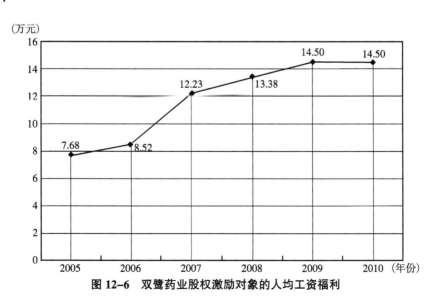

图 12-6　双鹭药业股权激励对象的人均工资福利

由图 12-6 可以看出，从 2006 年开始，激励对象的工资性收益稳步增长，由于 2009 年公司实施了第一次行权，因此对激励对象的工资水平停止了上调。

2009 年公司的财务报告数据显示，公司自 2006 年实施股票期权方案后，连续三年复合增长率达到了设定目标，符合股票期权的行权条件。公司自 2009 年至今共行权五次，具体情况如图 12-7 所示：

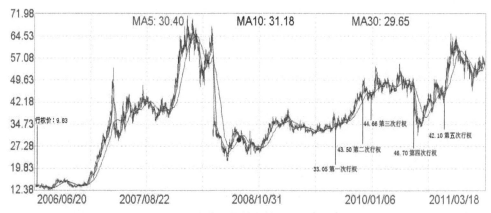

图 12-7　双鹭药业股权激励对象的行权情况

双鹭药业股权激励对象自 2009 年至今共行权五次，具体行权明细及获利如表 12-4 所示：

表 12-4　双鹭药业股权激励对象的行权明细表

行　权	时　　间	数量（股）	股价（当日收盘价）	占总量百分比（%）	股票获利（万元）
第一次	2009 年 8 月 14 日	984000	33.05	18.22	2284.8
第二次	2009 年 11 月 26 日	2016000	43.50	37.33	6697.2
第三次	2009 年 12 月 30 日	96000	44.66	1.78	334.37
第四次	2010 年 6 月 18 日	384000	46.70	7.11	1415.8
第五次	2010 年 10 月 14 日	1100000	42.10	20.37	3549.7

激励对象在方案实施前后增加了股票期权的收入，其收益的总体情况如图 12-7 所示，从行权价和市场价的对比可以得知，激励对象通过股票期权激励制度获得了更多的收益。由此可见，股票期权方案的实施使得关键型人力资本的收益得到大幅度增加。

2. 方案实施前后的普通人力资本收益情况比较

股票期权方案实施前后普通型人力资本每年的人均工资福利如图 12-8 所示：

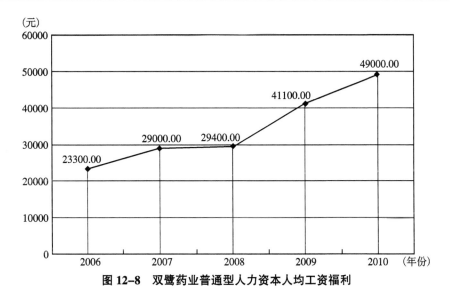

图 12-8 双鹭药业普通型人力资本人均工资福利

由图 12-8 可以看出，2006 年公司对关键型人力资本实施股票期权计划后，普通型人力资本每年的人均工资并未受到很大的影响，依然呈现逐年上升的趋势。

综合以上股票期权方案实施前后情况的对比，无论是企业资方还是劳方（包括关键人力资本所有者和普通型人力资本所有者），收益情况都得到了明显的提高，而且企业在同行业中竞争优势明显。所以双鹭药业的股票期权方案是有效的，实现了帕累托改进。

第十三章　主要结论、研究创新、未竟领域和对策建议

本章是全书的总结，拟总结以下几个方面问题：一是全书研究的主要结论；二是本书研究的主要创新点；三是本书研究的某些不足及今后深入研究的努力方向；四是有针对性地提出某些对策建议。

一、主要结论

（一）企业微观层面的劳资分配

1. 不同的分配制度范式决定了不同的劳动所得比重提高效果

笔者认为，在初次分配微观领域，大致存在三类分配范式：一是由物质资本主导并独享企业剩余的传统分配范式；二是由人力资本与物质资本共同主导并分享企业剩余的新型分配范式；三是由人力资本主导并独享企业剩余的新型分配范式。具体就提高劳动所得比重的效果而言，传统分配范式终究属于一种"治标"分配，因为在物质资本主导并独享企业剩余的大前提下，劳动所得比重的提高带有资方的某种让利"施舍"性，"让利多少、让利多久甚至让利与否"全凭资方说了算。而新型范式通过改变由物质资本单方主导的游戏规则让人力资本参与（甚至主导）企业剩余分配，是一种长效"治本"分配方式。

2. 三类不同性质的企业分属于三种不同分配制度范式

之前众多学者在整合、修正传统"SCP"分析框架的基础上，构建了令人信服的"DIM"分析框架。应用"DIM"框架思想，大致可将企业分为规则设计商

(Designer)、系统集成商（Integrator）和模块制造商（Module-maker）三类形态。规则设计商是价值网络化产业系统的规则或标准设计者，具体为整个模块体系提供一个旨在既保证模块间的独立性又保证功能一体化的框架性规则（兼容性标准），通常也是该框架性规则或标准的拥有者。系统集成商是价值网络化产业某个特定模块化最终产品生产系统的整合者，负责特定模块化系统的分解与整合。模块制造商是价值网络化产业价值网络的基础单元，拥有非核心技术知识与生产要素，负责生产具体的模块，包括专用模块制造商和通用模块制造商两类。专用模块为某个系统集成商所特有，无法与其他系统集成商的界面标准相匹配；通用模块可与多个相似的界面标准对接，实现跨网络匹配。研究成果分析认为，三类企业的劳资分配范式分属于三种不同范式：模块制造商——物质资本主导的分配范式；系统集成商——人力资本与物质资本共同主导的分配范式；规则设计商——人力资本主导的分配范式。三类企业劳资在分配中的身份、地位、收入模式等都存在很大的不同，但普通人力资本所有者在不同分配范式中，都是处于完全的支薪地位，是名副其实的劳资分配弱势群体，收益总是最小者。

　　3. 新经济形态的演进决定了分配制度范式必须与时俱进

　　之前众多学者从利润贡献、激励角度和产权角度论证了人力资本参与企业剩余分配的依据，但这些论证并没有抓住问题的实质，因为它无法解释利润贡献等因素在传统经济时代就一直客观存在的情况下，物质资本主导并独享企业剩余的传统范式仍被长期奉为经典的事实。研究成果认为，新经济形态的演进是人力资本参与剩余分配的本质要求。企业分配制度范式的发展本质上是一个不断解决矛盾特别是解决主要矛盾的动态演进过程。人力资本与物质资本的相互作用关系推动了经济形态的演变，使得经济形态经历了农业经济时代、工业经济时代以及知识经济时代。企业总是处在多重矛盾之中，有的为主要矛盾，有的为次要矛盾，而主次矛盾在不同经济形态时期存在很大差异，有时甚至截然相反。在农业经济时代以及工业经济时代初期，主要矛盾是企业生产能力不足的矛盾，企业分配制度范式的主要作用是为解决企业生产能力的不足提供基础保障，从而催生和强化了物质资本主导并独享企业剩余的分配范式。随着后工业经济时代特别是信息经济时代的到来，短缺经济转变为了相对过剩甚至局部绝对过剩经济，矛盾的格局发生了改变，以企业家为代表的人力资本所有者积极性的不足上升为主要矛盾，而生产能力不足的矛盾则转变为因产品需求严重不足而过剩的矛盾。从而，新经济形态不但派生了人力资本这一新资本形态，而且还使其分享企业剩余的愿望日趋强烈。所以，从历史发展的角度来看，收入分配范式经历了传统的物质资本主导并独享企业剩余的范式和当今出现的人力资本与物质资本共同主导并分享企业剩余的新型范式。并且可以预料，该范式并非收入分配制度范式的终结，随着经济与社会的进一步发展，未来的某一阶段甚至现阶段某些局部领域，当物质资本不再稀缺甚至过剩，而人力资本成为最为稀缺资源的情况下，完全可能演进为人力资本主导并独享企业剩余的分配范式。

（二）产业组织中观层面的劳资分配

随着现代产业分工的精细化与企业间关系的网络化发展，竞争已经由单个企业与单个企业之间的竞争转变为企业簇群与企业簇群之间的竞争。如果简单地从企业组织层面来研究企业劳资分配问题，是"只见树木不见森林"，忽略了企业在所在产业链中不同位置往往直接决定了企业劳资的分配水平。

1. 产业组织层面劳资分配的形式、对象与方式

出于社会化大生产的必然要求，劳资在价值网络化产业组织层面的分配必然是劳资作为一个个不同群体，以模块制造商、系统集成商和规则设计商等企业形式参与价值分配。这里的价值，笔者认为是整个产业的税后增加值，即税后 V + M 部分。从契约的角度来看，模块化网络组织是一个"契约联合体"，本质上是一个中间产品件工契约网络，劳资群体在价值网络化产业组织层面的分配方式是中间产品件工契约方式。契约制度的核心理念是当事人法律地位的平等和契约自由，缔结契约的当事人地位是平等的，其行为是自愿的，但法律并不规定当事人谈判力必须平等，它造成了谈判过程中当事人之间的外在差异，而这一外在差异又会制约当事人的策略选择。实际中，由于规则设计商、系统集成商和模块制造商的谈判能力强弱存在很大差异，中间产品件工契约方式带来的必然不会是价值网络化产业价值的平均分配。

2. 不同的产业环节形成不同的劳资群体分配水平

模块制造商是以实体为基础的"躯体"企业，负责生产价值网络化产业具体的模块，从事的是加工制造环节。系统集成商是以实体与知识相结合为基础的"小脑袋"企业，从事的是加工制造以外的研究开发、展览营销和营运管理产业

价值链环节，具体通过制定适当的任务结构与"界面规则"，整合价值网络化产业某个特定模块化最终产品生产系统；而规则设计商是以知识为基础的"大脑袋"企业，专门从事价值网络化产业整个模块系统的规则或标准设计。规则或标准设计是价值网络化产业价值链的最高环节，谁的标准为世界所认同，谁就会引领整个产业的发展潮流。根据产业价值链的一般游戏规则我们不难发现，规则设计商从事的是价值网络化产业高端环节，分配规则是：高投入，高风险，高回报；系统集成商从事的是价值网络化产业中端环节，分配规则是：中投入，中风险，中回报；而模块制造商从事的是价值网络化产业低端环节，分配规则是：低投入，低风险，低回报。有学者曾研究表明，在目前世界产业价值链中，产品设计、原料采购、物流运输、订单处理、批发经营、终端零售六大环节创造出的盈余多达 90%，而加工制造创造出的盈余不足 10%。正所谓"一流企业做标准、二流企业做品牌与技术、三流企业做产品。"

3. 不同的资源位导致不同的劳资群体分配水平

根据系统经济学的资源位理论，资源可分为硬资源和软资源两大类，硬资源是指在一定的技术、经济和社会条件下能够被人类用来维持生态平衡、从事生产和社会活动并能形成产品和服务的有形物质。显然，诸如厂房、设备、资金、土地、原材料等物质资本要素属于硬资源范畴。软资源是指以人类的智能为基础的资源，诸如知识、技术、组织、网络、商誉、品牌、信息、网络和社会资本等。从资源的整合结构来看，模块制造商主要是硬资源和硬资源的整合，整合范围限于模块制造商的自身边界，经济效益的获取几乎全部依赖硬资源，而硬资源是有限的。所以，模块制造商所处的资源位是企业层次的，提高经济效益受到硬资源的约束，利益的获取满足边际效用递减定律。因而在价值网络化产业组织中的获益份额最低，远不及规则设计商，也不及系统整合商，其分配规则是：低资源位，低风险，低回报；系统集成商主要是硬资源和软资源的整合，整合范围为价值网络化产业某个特定模块化最终产品生产系统，处于中级资源位，分配规则是：中资源位，中风险，中回报；而规则设计商是软资源和软资源的整合，整合范围扩展到整个价值网络化产业。由于标准化的界面，规则设计商很少受到资源整合空间的束缚，只要愿意，完全可使模块化网络组织形成超空间的全球布局——全球价值网络。规则设计商获取经济效益主要依赖软资源，而软资源不仅是无限的，而且其价值随着使用者的增加而增加（因为软资源可创造软资源，根据梅特卡夫法则，网络的价值与用户的平方成正比），适用边际效用递增定律。处于所在价值网络化产业的产业层次的最高级资源位，分配规则是：高资源位，高风险，高回报。

（三）宏观层面的劳资分配

初次分配中参与分配的主体主要包括政府、资方和劳方三方，其中，政府参与企业增加值分配的方式主要是通过征税来实现。研究成果认为，宏观层面上，政府、资方和劳方三方的分配所得之和大体相当于所在国家或地区的 GDP。虽然政府、资方和劳方三方在分配所得绝对值上完全可以实现共同增加（当然，增加额并不一定相等，可多可少），在绝对值上，任何一方的所得增加并不一定必然导致其他主体分配所得出现负数或负增长。但是在分配比重上完全受"此消彼长"规律所制约，任何一方的所得增速超过（低于）GDP 增长率，必然至少导致其他一方的所得比重降低（超过）现有分配格局。我国劳动所得比重一直处于较低水平，并且从 20 世纪 90 年代中期以后呈逐步下降趋势，现在经济发展过程中出现的不少突出矛盾和问题都与此有关。形成这种格局的原因虽然是多方面的，但毋庸讳言，这与政府在经济工作决策中不切实际地一味追求本级财政收入（即政府的广义税收，包括税收和其他非税收入，如土地出让收入等）增速，形成我国税收增速持续多年都远超 GDP 增长率（并且这种趋势还在继续强化）的非正常现象存在很大关系。

二、主要研究创新与未竟领域

（一）主要研究创新

1. 研究视角具有创新性

已有研究主要集中在企业组织层面的劳资分配研究，其研究也大多在物质资本主导并独享企业剩余的传统分配范式下进行展开的，对于产业组织层面的劳资分配特别是对于价值网络化产业组织的劳资分配还鲜少研究。本书在前人突破"SCP"产业传统分析框架并构建"DIM"分析框架的基础上，应用"DIM"框架思想，进一步从劳资分配角度切入系统研究了价值网络化产业组织的产业和企业两个层面的劳资分配关系，并研究指出，从"源头"上提高劳动报酬在初次分配中的比重需要形成"产业结构升级—劳资分配制度范式的变化—人力资本结构改善—收入分配结构优化"的良性循环，体现了学科上的前沿性。

2. 率先从技术和制度上突破现有劳资分配研究的局限

本书充分考虑了经济发展水平的严重不平衡以及分工结构的巨大差异性，率先从技术和制度上突破现有劳资分配研究的局限，建立起价值网络化产业组织三类企业劳资分配权威或主导分配范式的一般分析架构，具有很强原创性。得出了三类企业的劳资分配范式分属于三种不同范式：模块制造商——物质资本主导的分配范式；系统集成商——人力资本与物质资本共同主导的分配范式；规则设计商——人力资本主导的分配范式。

3. 系统研究了价值网络化产业组织三类企业内部的劳资分配机制

本书系统研究了价值网络化产业组织三类企业内部的劳资分配机制（包括价值网络化产业组织三类企业劳资在分配中的身份、地位、收入模式、分配依据、分配顺序以及分配治理等），具体研究了模块制造商的物质资本主导并独享企业剩余的传统范式分配机制、系统集成商的部分人力资本参与企业剩余分配的劳资分配机制、规则设计商的全部人力资本参与企业剩余分配的劳资分配机制以及各类劳资分配机制的比较等。都在走前人没有走过的路，体现了理论上的开拓性。

4. 系统研究了人力资本参与企业剩余分配的基础理论与制度保障

本书较深入地研究了人力资本参与企业剩余分配的基础理论与制度保障，具体包括从经济形态与分配制度范式的演进关系角度来深化论证人力资本参与企业剩余分配的理论依据、人力资本的量化改进、人力资本股东收入模式理论基础、人力资本流动性及人力资本股东有限责任承担、保障人力资本与物质资本具有均等机会和同等权力分享企业剩余的公司治理结构重构以及传统会计制度体系的重构等，也都具有很大的创新性。

（二）未竟领域

本书原计划深入研究部分与全部人力资本参与企业剩余分配的帕累托改进空间、改进路径以及新型分配范式变革的帕累托最优条件，但由于现实中各类企业的错综复杂以及研究条件与研究时间的局限，该问题在本书中还没有得到有效解决，这是今后笔者在该领域进行深入研究的重点努力方向。

三、长效提高我国劳动所得比重的对策建议

（一）从人力资本结构优化的个体"源头"上提高劳动所得比重

普通人力资本所有者在各种分配范式中，都是处于完全的支薪地位，是名副其实的劳资分配弱势群体，收益总是最小者。普通人力资本所有者要提高收益所占比重，根本途径在于提高自身知识层次。这是提高我国劳动所得比重的个体层面的"源头"，即人力资本结构基础"源头"。当然，作为提高劳动所得比重的一种"治标"手段，必要的外部干预（如改革工会"只对上负责"的现有体制，将"对下（劳方）负责"与"对上负责"有机结合起来，并通过赋予工会代表劳方与资方进行有组织的谈判职责和权力，使之成为救济人力资本特别是普通人力资本所有者弱势地位的重要途径；政府建立最低工资制度，动态出台工资年度增长指导政策等）也是可以产生一定效果的。

（二）从劳资分配制度范式改善的微观"源头"上提高劳动所得比重

不同的分配范式导致不同的劳动所得比重提高效果，具体就提高劳动所得比重的效果而言，物质资本主导的劳资分配范式效果最差，因为在物质资本主导并独享企业剩余的大前提下，即使劳动所得比重得到了一定提高，但这种提高带有资方的某种让利"施舍"性，"让利多少、让利多久甚至让利与否"全凭资方说

了算。而人力资本与物质资本共同主导甚至人力资本单方主导的劳资分配范式通过颠覆物质资本单方主导并独享企业剩余的游戏规则，将从劳资分配制度范式规则"源头"上可持续提高劳动所得比重，是一种长效"治本"方式。

（三）从产业结构提升的中观"源头"上提高劳动所得比重

出于社会化大生产的必然要求，劳资在产业组织层面的分配必然是劳资作为一个个不同群体参与价值分配。而从事不同的产业环节，就形成不同的劳资群体分配水平。提高我国劳动所得比重首先要从改善我国企业在产业全球价值链的分配话语权着力：有技术优势的企业要力争成为规则设计商；有社会资本优势或网络、品牌优势的企业要力争成为系统集成商。由于价值网络化产业价值链的分配话语权并不是一成不变的，即使是充当模块制造商角色的中小企业，也不要自甘"落后"，要通过努力使自己升级到价值链更高环节。这是从产业价值链层面提高我国劳动所得比重的产业结构基础"源头"。

（四）从政府税收增速适度控制的宏观"源头"上提高劳动所得比重

初次分配中参与分配的主体主要包括政府、资方和劳方三方，其中，政府参与企业增加值分配的方式主要是通过征税来实现。由于税收具有强制性和无偿性特征，要提高劳动报酬在初次分配中的比重，宏观层面上，存在一个不可忽略的"源头"，即政府的广义税收增速必须有效控制在 GDP 增长率之内。政府征税后，虽然可通过转移支付等方式一定程度上改善劳动报酬比重偏低问题，但也必然存在效率"损耗"。对于此问题，国务院已出台结构性减税的政策，但笔者认为，在我国税收增速持续多年都远超 GDP 增长率，并且这种趋势还在继续强化的背景下，如果只简单地停留在结构性减税的政策层面上，力度还有些不够。要有效提高劳动所得在初次分配中的比重，在这非常时期，政府不但要结构性减税，还要进一步施行总量"减"税，为此，政府需要拿出勇气进行自我"革命"，适度控制税收增幅。而要达此目标，政府需要从制度上科学划分自身的职能边界，控制好自身规模，并有效约束自身的权力边界！

附　录

附录1　国务院办公厅转发的股权激励试点通知

国务院办公厅转发财政部科技部《关于国有高新技术企业开展股权激励试点工作的指导意见》的通知

国办发〔2002〕48号

各省、自治区、直辖市人民政府，国务院各部委、各直属机构：

　　财政部、科技部《关于国有高新技术企业开展股权激励试点工作的指导意见》已经国务院同意，现转发给你们，请认真贯彻执行。

　　附件：关于国有高新技术企业开展股权激励试点工作的指导意见

二〇〇二年九月十七日

关于国有高新技术企业开展股权激励试点工作的指导意见

财政部　科技部

（2002年8月21日）

　　为了贯彻落实《中共中央国务院关于加强技术创新，发展高科技，实现产业化的决定》（中发〔1999〕14号）精神，推动国有高新技术企业的技术创新和可持续发展，现就国有高新技术企业开展股权激励试点工作提出如下指导意见：

一、国有高新技术企业开展股权激励试点，应坚持效率优先、兼顾公平、风险与收益对等、激励与约束相结合的原则，有利于调动企业科技人员、经营管理人员的积极性和创造性，有利于国有资产的保值增值，试点工作要积极稳妥地进行。

二、本指导意见所称国有高新技术企业，是指按《中华人民共和国公司法》设立，并经省级以上科技主管部门认定为高新技术企业的国有独资公司和国有控股的有限责任公司、股份有限公司（上市公司除外）。

三、开展股权激励试点的企业（以下简称试点企业），应当具备以下条件：

（一）产权清晰，法人治理结构健全。

（二）近3年来，每年用于研究开发的经费占企业当年销售额5%以上，研发人员占职工总数10%以上，高新技术主业突出。

（三）近3年税后利润形成的净资产增值额占企业净资产总额的30%以上。

（四）建立了规范的员工效绩考核评价制度、内部财务核算制度，财务会计报告真实，近3年没有违反财经法律法规的行为。

（五）企业发展战略和实施计划明确，经专家论证具有高成长性，发展前景好。

四、股权激励的对象是对试点企业的发展做出突出贡献的科技人员和经营管理人员（以下简称"有关人员"）。具体范围由试点企业股东大会或董事会决定。

（一）对企业的发展做出突出贡献的科技人员，是指企业关键科技成果的主要完成人，重大开发项目的负责人，对企业主导产品或核心技术做出重大创新或改进的主要技术人员。

（二）对企业的发展做出突出贡献的经营管理人员，是指参与企业战略决策、领导企业某一主要业务领域、全面负责实施某一领域业务工作并做出突出贡献的中、高级经营管理人员。

五、试点企业股权激励方式包括奖励股权（份）、股权（份）出售、技术折股。

（一）奖励股权（份）是指企业按照一定的净资产增值额，以股权方式奖励给对企业的发展做出突出贡献的科技人员。

（二）股权（份）出售是指根据对企业贡献的大小，按一定价格系数将企业股权（份）出售给有关人员。价格系数应当在综合考虑净资产评估价值、净资产收益率及未来收益等因素的基础上合理确定。

（三）技术折股是指允许科技人员以个人拥有的专利技术或非专利技术（非职务发明），作价折合为一定数量的股权（份）。

六、试点企业根据实际情况选择采用上述股权激励方式。用于奖励股权（份）和以价格系数体现的奖励总额之和，不得超过试点企业近3年税后利润形成的净资产增值额的35%，其中，奖励股权（份）的数额不得超过奖励总额之和的一半；要根据试点企业的发展统筹安排，留有余量，一般在3到5年内使用。

采用技术折股方式时，可以评估作价入股，也可按该技术成果实施转化成功后为企业创造的新增税后利润折价入股，但折股总额应不超过近3年该项技术所创造的税后利润的35%。

七、试点企业应当建立规范的员工效绩考核评价制度，设立考核评价管理机构。员工效绩考核评价制度应当包括员工岗位职责核定、效绩考核评价指标和标准、年度效绩责任目标、考核评价程序和奖惩细则等内容。

试点企业股东大会或董事会应当根据考核结果确定有关人员并实施股权激励，防止平均主义。

八、部分试点企业可以按照国家有关政策、法规的规定，积极探索股份期权的激励方式，但不得随意行事，更不能刮风。

九、试点企业有关人员持有的股权（份）在规定的期限内不能转让。经营管理人员所持股权（份）的期限一般应不短于其任职期限；限制期满，可依法转让。

十、试点企业实施股权激励前，必须进行资产评估，股权激励方案须经股东大会或董事会审议通过，再由试点企业提出申请，报主管财政部门、科技部门批准后实施。

十一、企业提出的申请股权激励试点的报告，应包括以下内容：

（一）企业的基本情况，包括企业名称及组织形式，股本（资本）总额、股权（份）结构及出资方式，职工情况（包括有关人员情况），近3年经济效益状况及净资产增值情况，未来3年经济效益状况及资产保值增值情况预测等。

（二）股权激励方案，包括股权激励的范围、条件和方式，股权（份）来源，股本设置及股权（份）处置，企业财务考核与评价，出售股权的价格系数，有关人员效绩考核的评价、具体持股数量及持股期限等。

（三）省级以上科技主管部门认定的高新技术企业的相关文件。

（四）试点工作的组织领导和工作方案，试点工作时间进度安排等。

企业提交申请报告的同时，应附报企业员工效绩考核评价制度、发展战略和实施计划以及近期审计、评估报告。

十二、主管财政、科技部门对企业提出的试点申请报告，应认真进行审核，对符合条件的应及时批复。

十三、企业股权激励试点工作，由主管财政部门会同同级科技部门组织实施。其中，中央管理的企业由财政部会同科技部组织实施；地方企业由省、自治区、直辖市、计划单列市财政部门会同同级科技部门组织实施。

各省、自治区、直辖市和计划单列市财政、科技部门可在具备条件的企业中，选择 3~5 户具有代表性的企业进行试点，中央管理企业的试点名单由财政部、科技部负责选定。

十四、主管财政、科技部门要加强对企业股权激励试点工作的指导，及时研究解决试点工作中出现的问题。

（一）财政部门负责监管试点企业中的国有资产评估、国有股权（份）变动和国有资本保值增值工作，核定股份有限公司的国有股权（份），办理产权登记等。股权激励方案涉及国有股权（份）变动事项的，财政部门要按规定程序对有关审批事项进行认真审核，及时批复。

（二）科技部门负责根据科技部《关于印发〈国家高新技术产业开发区高新技术企业认定条件和办法〉的通知》（国科发火字〔2000〕324 号）和国家科委《国家高新技术开发区外高新技术企业认定条件和办法》（国科发火字〔1996〕018号），认定试点企业高新技术企业资质，并对企业技术创新能力、技术储备以及主营产品技术水平和市场竞争力等方面进行评估。

十五、各省、自治区、直辖市以及计划单列市财政部门、科技部门要结合本地区的实际，制定有关试点工作的实施办法，连同试点企业选定情况报财政部、科技部备案。试点中出现的问题应及时向财政部、科技部报告。

十六、试点企业应于每年度结束后 60 日内，将上年度试点工作情况报省级财政、科技部门。省级财政部门、科技部门应于年度结束后 90 日内将本地区试点工作情况报财政部、科技部。

十七、主管财政、科技部门及试点企业，要严格按照本指导意见进行试点。严禁无偿量化、随意处置国有资产的行为。对弄虚作假、侵害国有资产权益的，要依法追究有关责任人的责任，对造成国有资产流失的要依法查处。

十八、已按照《中华人民共和国公司法》完成公司制改造的转制科研机构及其控股的高新技术企业，可参照本指导意见申请试点。

附录2　财政部等部颁布的中关村企业股权和分红激励办法

关于印发《中关村国家自主创新示范区企业股权和分红激励实施办法》的通知

财企〔2010〕8号

党中央有关部门，国务院有关部委、直属机构，各省、自治区、直辖市、计划单列市财政厅（局）、科技厅（委、局），新疆生产建设兵团财务局、科技局，各中央管理企业：

在中关村国家自主创新示范区实施企业股权和分红激励政策，对于探索企业分配制度改革，建立有利于自主创新和科技成果转化的中长期激励分配机制，充分发挥技术、管理等要素的作用，推动高新技术产业化，具有重要意义。根据《国务院关于同意支持中关村科技园区建设国家自主创新示范区的批复》（国函〔2009〕28号），我们制定了《中关村国家自主创新示范区企业股权和分红激励实施办法》，现印发给你们，请遵照执行。执行中有何问题，请及时向财政部、科技部反映。

在中关村国家自主创新示范区实施企业股权和分红激励政策，有关部门应当根据"统筹兼顾、因企制宜、稳步推进、规范实施"的原则，按照国家统一办法执行，既要营造科技创新的政策环境，激发技术人员和经营管理人员开展自主创新和实施科技成果转化的积极性，又要依法维护国有资产权益，保障企业职工的合法权益，促进企业可持续健康发展。在实施步骤、方式、范围上，不搞"一刀切"，不能急于求成，不能形成新的"大锅饭"分配体制。各级财政、科技部门要加强对企业股权和分红激励政策实施的监督，注意总结经验。

各省、自治区、直辖市及计划单列市建设的国家级自主创新示范区，报经国务院批准实行企业股权和分红激励政策的，按照《中关村国家自主创新示范区企业股权和分红激励实施办法》执行。

财政部　科技部

二〇一〇年二月一日

附件：

中关村国家自主创新示范区企业股权和分红激励实施办法

第一章　总则

第一条　为建立有利于企业自主创新和科技成果转化的激励分配机制，调动技术和管理人员的积极性和创造性，推动高新技术产业化和科技成果转化，依据《促进科技成果转化法》、《公司法》、《企业国有资产法》及国务院有关规定，制定本办法。

第二条　本办法适用于中关村国家自主创新示范区内的以下企业：

（一）国有及国有控股的院所转制企业、高新技术企业。

（二）示范区内的高等院校和科研院所以科技成果作价入股的企业。

（三）其他科技创新企业。

第三条　股权激励，是指企业以本企业股权为标的，采取以下方式对激励对象实施激励的行为：

（一）股权奖励，即企业无偿授予激励对象一定份额的股权或一定数量的股份。

（二）股权出售，即企业按不低于股权评估价值的价格，以协议方式将企业股权（包括股份，下同）有偿出售给激励对象。

（三）股票期权，即企业授予激励对象在未来一定期限内以预先确定的行权价格购买本企业一定数量股份的权利。

分红激励，是指企业以科技成果实施产业化、对外转让、合作转化、作价入股形成的净收益为标的，采取项目收益分成方式对激励对象实施激励的行为。

第四条　激励对象应当是重要的技术人员和企业经营管理人员，包括以下人员：

（一）对企业科技成果研发和产业化做出突出贡献的技术人员，包括企业内关键职务科技成果的主要完成人、重大开发项目的负责人、对主导产品或者核心技术、工艺流程做出重大创新或者改进的主要技术人员，高等院校和科研院所研究开发和向企业转移转化科技成果的主要技术人员。

（二）对企业发展做出突出贡献的经营管理人员，包括主持企业全面生产经营工作的高级管理人员，负责企业主要产品（服务）生产经营合计占主营业务收入（或者主营业务利润）50%以上的中、高级经营管理人员。

企业不得面向全体员工实施股权或者分红激励。

企业监事、独立董事、企业控股股东单位的经营管理人员不得参与企业股权或者分红激励。

第五条　实施股权和分红激励的企业，应当符合以下要求：

（一）企业发展战略明确，专业特色明显，市场定位清晰。

（二）产权明晰，内部治理结构健全并有效运转。

（三）具有企业发展所需的关键技术、自主知识产权和持续创新能力。

（四）近3年研发费用占企业销售收入2%以上，且研发人员占职工总数10%以上。

（五）建立了规范的内部财务管理制度和员工绩效考核评价制度。

（六）企业财务会计报告经过中介机构依法审计，且近3年没有因财务、税收违法违规行为受到行政、刑事处罚。

第六条　企业实施股权和分红激励，应当符合法律、行政法规和本办法的规定，有利于企业的持续发展，不得损害国家和企业股东的利益，并接受本级财政、科技部门的监督。

激励对象应当诚实守信，勤勉尽责，维护企业和全体股东的利益。

激励对象违反有关法律法规及本办法规定，损害企业合法权益的，应当对企业损失予以一定的赔偿，并追究相应法律责任。

第七条　企业实施股权或者分红激励，应当按照《企业财务通则》和国家统一会计制度的规定，规范财务管理和会计核算。

第二章　股权奖励和股权出售

第八条　企业以股权奖励和股权出售方式实施激励的，除满足本办法第五条规定外，企业近3年税后利润形成的净资产增值额应当占企业近3年年初净资产总额的 20%以上，且实施激励当年年初未分配利润没有赤字。

近 3 年税后利润形成的净资产增值额，是指激励方案获批日上年末账面净资产相对于近 3 年年初账面净资产的增加值，不包括财政补助直接形成的净资产和已经向股东分配的利润。

第九条　股权奖励和股权出售的激励对象，除满足本办法第四条规定条件外，应当在本企业连续工作 3 年以上。

股权奖励的激励对象，仅限于技术人员。

企业引进的"千人计划"、"中科院百人计划"、"北京海外高层次人才聚集工程"、"中关村高端领军人才聚集工程"人才，教育部授聘的长江学者，以及高等院校和科研院所研究开发和向企业转移转化科技成果的主要技术人员，其参与企业股权激励不受本条第一款规定的工作年限限制。

第十条　企业用于股权奖励和股权出售的激励总额，不得超过近 3 年税后利润形成的净资产增值额的 35%。其中，激励总额用于股权奖励的部分不得超过50%。

企业用于股权奖励和股权出售的激励总额，应当依据资产评估结果折合股权，并确定向每个激励对象奖励或者出售的股权。其中涉及国有资产的，评估结果应当经代表本级人民政府履行出资人职责的机构、部门（以下统称"履行出资人职责的机构"）核准或者备案。

第十一条　企业用于股权奖励和股权出售的激励总额一般在 3 到 5 年内统筹安排使用，并应当在激励方案中与激励对象约定分期实施的业绩考核目标等条件。

第三章　股票期权

第十二条　企业以股票期权方式实施激励的，应当在激励方案中明确规定激励对象的行权价格。

确定行权价格时，应当综合考虑科技成果成熟程度及其转化情况、企业未来至少 5 年的盈利能力、企业拟授予全部股权数量等因素，且不得低于经履行出资人职责的机构核准或者备案的每股评估价。

第十三条　企业应当与激励对象约定股票期权授予和行权的业绩考核目标等条件。

业绩考核指标可以选取净资产收益率、主营业务收入增长率、现金营运指数等财务指标，但应当不低于企业近 3 年平均业绩水平及同行业平均业绩水平。

第十四条　企业应当在激励方案中明确股票期权的授权日、可行权日和行权的有效期。

股票期权授权日与获授股票期权首次可行权日之间的间隔不得少于1年。

股票期权行权的有效期不得超过5年。

第十五条　企业应当规定激励对象在股票期权行权的有效期内分期行权。

股票期权行权的有效期过后,激励对象已获授但尚未行权的股票期权自动失效。

第四章　股权管理

第十六条　企业可以通过以下方式解决标的股权来源:

(一) 向激励对象增发股份。

(二) 向现有股东回购股份。

(三) 现有股东依法向激励对象转让其持有的股权。

第十七条　企业不得为激励对象购买股权提供贷款以及其他形式的财务资助,包括为激励对象向其他单位或者个人贷款提供担保。

第十八条　激励对象自取得股权之日起5年内不得转让、捐赠其股权。

激励对象获得股权激励后5年内本人提出离职,或者因个人原因被解聘、解除劳动合同,取得的股权全部退回企业,其个人出资部分由企业按审计后净资产计算退还本人;以股票期权方式实施股权激励的,未行权部分自动失效。

第十九条　企业实施股权激励的标的股权,一般应当由激励对象直接持股。

激励对象通过其他方式间接持股的,直接持股单位不得与企业存在同业竞争关系或者发生关联交易。

第二十条　企业以股权出售或者股票期权方式授予的股权,激励对象在按期足额缴纳相应出资额 (股款) 前,不得参与企业利润分配。

第二十一条　大型企业用于股权激励的股权总额,不得超过企业实收资本(股本) 的10%。

大型企业的划分标准,按照国家统计局印发的《统计上大中小型企业划分办法 (暂行)》(国统字 [2003] 17 号) 等有关规定执行。

第五章　分红激励

第二十二条　企业可以根据以下不同情形,选择不同方式实施分红激励:

(一) 由本企业自行投资实施科技成果产业化的,自产业化项目开始盈利的年度起，在 3 至 5 年内，每年从当年投资项目净收益中，提取不低于 5%但不高于 30%用于激励。

投资项目净收益为该项目营业收入扣除相应的营业成本和项目应合理分摊的管理费用、销售费用、财务费用及税费后的金额。

（二）向本企业以外的单位或者个人转让科技成果所有权、使用权（含许可使用）的，从转让净收益中，提取不低于 20%但不高于 50%用于一次性激励。

转让净收益为企业取得的科技成果转让收入扣除相关税费和企业为该项科技成果投入的全部研发费用及维护、维权费用后的金额。企业将同一项科技成果使用权向多个单位或者个人转让的，转让收入应当合并计算。

（三）以科技成果作为合作条件与其他单位或者个人共同实施转化的，自合作项目开始盈利的年度起，在 3 至 5 年内，每年从当年合作净收益中，提取不低于 5%但不高于 30%用于激励。

合作净收益为企业取得的合作收入扣除相关税费和无形资产摊销费用后的金额。

（四）以科技成果作价入股其他企业的，自入股企业开始分配利润的年度起，在 3 至 5 年内，每年从当年投资收益中，提取不低于 5%但不高于 30%用于激励。

投资收益为企业以科技成果作价入股后，从被投资企业分配的利润扣除相关税费后的金额。

第二十三条 企业实施分红激励，应当按照科技成果投资、对外转让、合作、作价入股的具体项目实施财务管理，进行专户核算。

第二十四条 大中型企业实施重大科技成果产业化，可以探索实施岗位分红激励制度，按照岗位在科技成果产业化中的重要性和贡献，分别确定不同岗位的分红标准。

企业实施岗位分红激励的，除满足本办法第五条规定外，企业近 3 年税后利润形成的净资产增值额应当占企业近 3 年年初净资产总额的 10%以上，实施当年年初未分配利润没有赤字，且激励对象应当在该岗位上连续工作 1 年以上。

企业年度岗位分红激励总额不得高于当年税后利润的 15%，激励对象个人岗位分红所得不得高于其薪酬总水平（含岗位分红）的 40%。

第二十五条 企业实施分红激励所需支出计入工资总额，但不纳入工资总额基数，不作为企业职工教育经费、工会经费、社会保险费、补充养老及补充医疗保险费、住房公积金等的计提依据。

第二十六条　企业对分红激励设定实施条件的，应当在激励方案中与激励对象约定相应条件以及业绩考核办法，并约定分红收益的扣减或者暂缓、停止分红激励的情形及具体办法。

实施岗位分红激励制度的大中型企业，对离开激励岗位的激励对象，即予停止分红激励。

第六章　激励方案的拟订和审批

第二十七条　企业实施股权和分红激励，应当拟订激励方案。激励方案由企业总经理办公会或者董事会（以下统称企业内部管理机构）负责拟订。

第二十八条　激励方案包括但不限于以下内容：

（一）企业发展战略、近 3 年业务发展和财务状况、股权结构等基本情况。

（二）激励方案拟订和实施的管理机构及其成员。

（三）企业符合本办法规定实施激励条件的情况说明。

（四）激励对象的确定依据、具体名单及其职位和主要贡献。

（五）激励方式的选择及考虑因素。

（六）实施股权激励的，说明所需股权来源、数量及其占企业实收资本（股本）总额的比例，与激励对象约定的业绩条件，拟分次实施的，说明每次拟授予股权的来源、数量及其占比。

（七）实施股权激励的，说明股权出售价格或者股票期权行权价格的确定依据。

（八）实施分红激励的，说明具体激励水平及考虑因素。

（九）每个激励对象预计可获得的股权数量、激励金额。

（十）企业与激励对象各自的权利、义务。

（十一）企业未来三年技术创新规划，包括企业技术创新目标，以及为实现技术创新目标在体制机制、创新人才、创新投入、创新能力、创新管理等方面将采取的措施。

（十二）激励对象通过其他方式间接持股的，说明必要性、直接持股单位的基本情况，必要时应当出具直接持股单位与企业不存在同业竞争关系或者不发生关联交易的书面承诺。

（十三）发生企业控制权变更、合并、分立，激励对象职务变更、离职、被解聘、被解除劳动合同、死亡等特殊情形时的调整性规定。

（十四）激励方案的审批、变更、终止程序。

（十五）其他重要事项。

第二十九条 激励方案涉及的财务数据和资产评估价值，应当分别经国有产权主要持有单位同意的具有资质的会计师事务所审计和资产评估机构评估，并按有关规定办理备案手续。

第三十条 企业内部管理机构拟订激励方案时，应当以职工代表大会或者其他形式充分听取职工的意见和建议。

第三十一条 企业内部管理机构应当将激励方案及听取职工意见情况先行报经履行出资人职责的机构批准。

由国有资产监督管理委员会代表本级人民政府履行出资人职责的企业，相关材料报本级国有资产监督管理委员会批准。

由其他部门、机构代表本级人民政府履行出资人职责的企业，相关材料暂报其主管的部门、机构批准。

第三十二条 履行出资人职责的机构应当严格审核企业申报的激励方案。对于损害国有股东权益或者不利于企业可持续发展的激励方案，应当要求企业进行修改。

第三十三条 履行出资人职责的机构可以要求企业法律事务机构或者外聘律师对激励方案出具法律意见书，对以下事项发表专业意见。

（一）激励方案是否符合有关法律、行政法规和本办法的规定。

（二）激励方案是否存在明显损害企业及现有股东利益。

（三）激励方案对影响激励结果的重大信息，是否充分披露。

（四）激励可能引发的法律纠纷等风险，以及应对风险的法律建议。

（五）其他重要事项。

第三十四条 履行出资人职责的机构批准企业实施股权激励后，企业内部管理机构应当将批准的激励方案提请股东（大）会审议。

在股东（大）会审议激励方案时，国有股东代表应当按照批准文件发表意见。

第三十五条 企业可以在本办法规定范围内选择一种或者多种激励方式，但是对同一激励对象不得就同一职务科技成果或者产业化项目进行重复激励。

对已按照本办法实施股权激励的激励对象，企业在 5 年内不得再对其实施股权激励。

第七章　激励方案管理

第三十六条　除国家另有规定外，企业应当在激励方案股东（大）会审议通过后 5 个工作日内，将以下材料报送本级财政、科技部门：

（一）经股东（大）会审议通过的激励方案。

（二）相关批准文件、股东（大）会决议。

（三）审计报告、资产评估报告、法律意见书。

第三十七条　企业股东应当依法行使股东权利，督促企业内部管理机构严格按照激励方案实施激励。

第三十八条　企业应当在经审计的年度财务会计报告中披露以下情况：

（一）实施激励涉及的业绩条件、净收益等财务信息。

（二）激励对象在报告期内各自获得的激励情况。

（三）报告期内的股权激励数量及金额，引起的股本变动情况，以及截至报告期末的累计额。

（四）报告期内的分红激励金额，以及截至报告期末的累计额。

（五）激励支出的列支渠道和会计核算方法。

（六）股东要求披露的其他情况。

第三十九条　企业实施激励导致注册资本规模、股权结构或者组织形式变动的，应当按照有关规定，根据相关批准文件、股东（大）会决议等，及时办理国有资产产权登记和工商变更登记手续。

第四十条　因出现特殊情形需要调整激励方案的，企业内部管理机构应当重新履行内部审议和外部审批的程序。

因出现特殊情形需要终止实施激励的，企业内部管理机构应当向股东（大）会说明情况。

第八章　附　则

第四十一条　对职工个人合法拥有、企业发展需要的知识产权，企业可以按照财政部、国家发展改革委、科技部、原劳动保障部《关于企业实行自主创新激励分配制度的若干意见》（财企〔2006〕383 号）第三条的规定实施技术折股。

第四十二条　高等院校和科研院所经批准以科技成果向企业作价入股，可以按科技成果评估作价金额的 20% 以上但不高于 30% 的比例折算为股权奖励给有关技术人员，企业应当从高等院校和科研院所作价入股的股权中划出相应份额予以兑现。

第四十三条 企业以科技成果作价入股，没有按照本办法第二十二条规定实施分红激励的，作价入股经过3个会计年度以后，被投资企业符合本办法规定条件的，可以按照本办法的规定，以被投资企业股权为标的，对重要的技术人员实施股权激励。但是企业应当与被投资企业保持人、财、物方面的独立性，不得以关联交易等手段向被投资企业转移利益。

第四十四条 企业不符合本办法规定激励条件而向管理者转让国有产权的，应当通过产权交易市场公开进行，并按照《企业国有产权转让管理暂行办法》（国资委、财政部令第3号）和国资委、财政部印发的《企业国有产权向管理层转让暂行规定》（国资发产权〔2005〕78号）执行。

第四十五条 财政、科技部门对企业股权或者分红激励方案及其实施情况进行监督，发现违反法律、行政法规和本办法规定的，应当责令改正。

第四十六条 本办法中"以上"均含本数。

第四十七条 上市公司股权激励另有规定的，从其规定。

第四十八条 本办法自印发之日起施行。

附录3 中国证监会颁布的上市公司员工持股办法

上市公司员工持股计划管理暂行办法
（征求意见稿）

第一章 总则

第一条 为规范、引导上市公司实施员工持股计划及其相关活动，依据《中华人民共和国公司法》、《中华人民共和国证券法》及其他有关法律、行政法规的规定，制定本办法。

第二条 本办法所称员工持股计划是指上市公司根据员工意愿，将应付员工工资、奖金等现金薪酬的一部分委托资产管理机构管理，通过二级市场购入本公司股票并长期持有，股份权益按约定分配给员工的制度安排。

上市公司实施员工持股计划，应当符合法律、行政法规和本办法的规定。中国证券监督管理委员会（以下简称中国证监会）依照本办法对上市公司实施员工持股计划及其相关活动进行监督管理。

第三条　上市公司实施员工持股计划应遵循公司自主决定，员工自愿加入、风险合理分散的原则。

第四条　员工持股计划应公平、公正，有利于上市公司的持续发展，同时兼顾股东、员工、国家和社会公众的利益。

第五条　上市公司实施员工持股计划，应当严格按照法律、法规的规定和本办法的要求，真实、准确、完整、及时地履行信息披露义务。

第六条　任何人不得利用员工持股计划进行内幕交易、操纵证券市场等证券欺诈行为。

第二章　一般规定

第七条　上市公司员工持股计划的参加对象为公司员工，包括管理层人员。

第八条　每年度用于实施员工持股计划的资金来源于最近 12 个月公司应付员工的工资、奖金等现金薪酬，且数额不得高于其现金薪酬总额的 30%。

员工用于参加员工持股计划的资金总额不得高于其家庭金融资产的 1/3。

员工参加员工持股计划，应当如实向公司说明其家庭金融资产情况，公司应当向员工充分揭示风险并根据员工资产情况核定其应获股份权益的具体数额上限。

第九条　员工持股计划长期持续有效，在其存续期间可以约定按照年、季、月的时间间隔定期实施，也可以不定期实施。

每次实施员工持股计划，其所购股票的持股期限不得低于 36 个月，自上市公司公告本次股票购买完成时起算。

第十条　上市公司全部有效的员工持股计划所持有股票总数累计不得超过股本总额的 10%，单个员工所获股份权益对应的股票总数累计不得超过公司股本总额的 1%。

前款规定的股票总数单独计算，不包括员工在公司首发上市前获得的股份、通过二级市场自行购买的股份及通过股权激励获得的股份。

本条第一款所称股本总额是最近一次实施员工持股计划前公司的股本总额。

第十一条　参加员工持股计划的员工可以通过员工持股计划持有人会议选出

代表或设立相应机构，监督员工持股计划的日常管理，代表员工持股计划持有人行使股东权利或者授权资产管理机构行使股东权利。

第十二条 员工持股计划应明确规定下列事项：

（一）员工持股计划的目的、原则；

（二）参加员工的范围和确定标准；

（三）用于员工持股计划资金的构成、数额或数额确定方式；

（四）员工持股计划拟购买的公司股票数量及占上市公司股本总额的比例；

（五）员工持股计划的存续期限；

（六）员工持股计划实施的程序和具体管理模式；

（七）公司发生控制权变更、合并、分立时员工持股计划持有股票的处置办法；

（八）参加员工持股计划的员工离职、退休、死亡以及发生不再适合参加持股计划事由等情况时，其所持股份权益的处置办法；

（九）员工持股计划的变更、终止；

（十）员工持股计划期满后员工所持股份权益的处置办法；

（十一）员工持股计划持有人代表或机构的选任；

（十二）资产管理机构的选任、资产管理协议主要条款、资产管理费用的计提及支付方式；

（十三）其他重要事项。

第十三条 员工通过持股计划获得的股份权益的占有、使用、收益和处分的权利，应当按照员工持股计划的约定行使。

员工持股计划存续期间，员工提前退出员工持股计划的，员工的股份权益应当按照员工持股计划的约定予以处置。

第十四条 上市公司公布、实施员工持股计划及资产管理机构对员工持股计划进行管理，必须严格遵守市场交易规则，遵守中国证监会关于信息敏感期不得买卖股票的规定，严厉禁止利用任何内幕信息进行交易。

第三章 员工持股计划的管理

第十五条 上市公司应当将员工持股计划委托给下列资产管理机构进行管理。

（一）信托公司；

（二）保险资产管理公司；

（三）证券公司；

（四）基金管理公司；

（五）其他符合条件的资产管理机构。

资产管理机构不得管理本公司及本公司控股的上市公司的员工持股计划，也不得管理其控股股东、实际控制人及与其受同一控制下的公司的员工持股计划。

第十六条　上市公司为员工持股计划聘请资产管理机构的，应当与资产管理机构签订资产管理协议。

资产管理协议应当明确当事人的权利义务，切实维护员工持股计划持有人的合法权益，确保员工持股计划的财产安全。

在员工持股计划存续期间，资产管理机构根据协议约定管理员工持股计划。

第十七条　资产管理机构管理员工持股计划，应当为员工持股计划持有人的最大利益行事，不得与员工持股计划持有人存在利益冲突。

第十八条　资产管理机构应当以员工持股计划的名义开立证券交易账户，员工持股计划持有的股票、资金为委托财产，独立于资产管理机构的固有财产，并独立于资产管理机构管理的其他财产。资产管理机构不得将委托财产归入其固有财产。

资产管理机构因依法解散、被依法撤销或者被依法宣告破产等原因进行清算的，委托财产不属于其清算财产。

第四章　员工持股计划的实施程序及信息披露要求

第十九条　上市公司董事会提出员工持股计划草案并提交股东大会表决。

独立董事应当就员工持股计划是否有利于上市公司的持续发展，是否损害上市公司及股东利益发表意见。

第二十条　上市公司应当在董事会审议通过员工持股计划草案后的 2 个交易日内，公告董事会决议、员工持股计划草案摘要、独立董事意见及与资产管理机构签订的资产管理协议。

第二十一条　上市公司应当聘请律师事务所对员工持股计划出具法律意见书，并在召开关于审议员工持股计划的股东大会前公告法律意见书。

法律意见书应当就下列事项发表意见：

（一）员工持股计划是否符合法律、行政法规及本办法的规定；

（二）员工持股计划的制订和提出是否履行了必要的法定程序；

（三）员工持股计划的范围和条件；

（四）员工持股计划是否损害上市公司及全体股东的利益；

（五）上市公司是否已经履行了充分的信息披露义务；

（六）员工持股计划的资产管理机构是否合格；

（七）资产管理协议是否符合有关规定；

（八）其他应当说明的事项。

第二十二条 股东大会应当对员工持股计划中的下列内容进行表决：

（一）员工持股计划拟购入股票的数量；

（二）参加员工的范围和确定标准；

（三）员工持股计划的存续期限；

（四）员工获授股份权益的条件；

（五）员工持股计划的变更、终止需要履行的程序；

（六）授权董事会办理员工持股计划的相关事宜；

（七）资产管理机构的选任及撤换程序；

（八）其他需要股东大会表决的事项。

公司股东大会就持股计划有关事项进行投票表决时，应当在提供现场投票方式的同时，提供网络投票方式；公司股东大会作出决议，应当经出席会议的股东所持表决权的半数以上通过。

第二十三条 股东大会审议通过员工持股计划后 2 个交易日内，上市公司应当到证券交易所办理信息披露事宜。

第二十四条 资产管理机构应当在股东大会审议通过员工持股计划后 3 个月内，根据员工持股计划的安排，完成公司股票的购买；员工持股计划约定以持续购买方式实施的，资产管理机构应在董事会公告购买公司股票之日起 3 个月内完成股票的购买。在前述规定的期限内，购买股票的具体时间、数量、价格、方式等由资产管理机构按照约定实施。

上市公司应当在前款规定的股票购买期间每月公告一次资产管理机构购买股票的时间、数量、价格、方式等具体情况。

第二十五条 员工因参加员工持股计划，其股份权益发生变动，依据《中华人民共和国证券法》及《上市公司收购管理办法》应履行相关法定义务的，应当按照规定履行报告及披露义务；员工持股计划持有公司股票达到公司已发行股份总数的百分之五时，应当按照《中华人民共和国证券法》的规定履行报告和信息披露义务。

第二十六条　上市公司变更员工持股计划中本办法第二十二条所列事项的，应当提交股东大会审议并披露。

第二十七条　上市公司应在定期报告中披露报告期内下列员工持股计划实施情况：

（一）报告期内持股员工的范围、人数；

（二）报告期内员工持股计划持有的股票总额及占上市公司股本总额的比例；

（三）因员工持股计划持有人处分权利引起的股份权益变动情况；

（四）资产管理机构的变更情况；

（五）其他应予披露的事项。

第二十八条　证券交易所应当在其业务规则中明确员工持股计划所涉及的信息披露要求。

证券登记结算机构应当在其业务规则中明确员工持股计划所涉及的登记结算业务的办理要求。

第五章　罚　则

第二十九条　上市公司实施员工持股计划不符合本办法规定的，中国证监会责令其改正，对公司及相关责任人依法予以处罚。

第三十条　上市公司未按照本办法及其他相关规定披露员工持股计划相关信息或者所披露的信息有虚假记载、误导性陈述或者重大遗漏的，中国证监会责令其改正，对公司及相关责任人依法予以处罚。

第三十一条　为上市公司员工持股计划出具专业意见的证券服务机构及从业人员未履行勤勉尽责义务，所发表的意见存在虚假记载、误导性陈述或者重大遗漏的，中国证监会依法予以处罚。

第三十二条　利用员工持股计划进行虚假陈述、操纵证券市场、内幕交易等违法行为的，中国证监会依法予以处罚，并可依法对相关责任人员采取市场禁入等监管措施；涉嫌犯罪的，中国证监会移送司法机关处理。

第六章　附　则

第三十三条　上市公司的董事、监事、高级管理人员及其他员工参加公司股权激励计划的，按照中国证监会关于上市公司股权激励的有关规定实施。

第三十四条 本办法适用于上海证券交易所、深圳证券交易所上市的公司。

第三十五条 本办法自 2012 年   月   日起施行。

附录4 国家税务总局关于联想集团劳动分红征税批复

国家税务总局关于联想集团改制员工取得的用于购买企业国有股权的劳动分红征收个人所得税问题的批复

国税函 [2001] 832 号

北京市地方税务局：

你局《北京市地方税务局关于联想集团改制员工获得国有股权征免个人所得税问题的请示》（京地税个 [2001] 411 号）收悉。来文反映，联想集团经有关部门批准，建立了一套产权激励机制，将多年留存在企业应分配给职工的劳动分红（1.63 亿元）划分给职工个人，用于购买企业的国有股权（35%），再以职工持股会的形式持有联想集团控股公司的股份。你局提出，对联想集团控股公司职工取得的用于购买企业国有股权的劳动分红，比照《国家税务总局关于企业改组改制过程中个人取得量化资产征收个人所得税问题的通知》（国税发 [2000] 60 号）规定，暂缓征收个人所得税。经研究，现批复如下：

一、该公司职工取得的用于购买企业国有股权的劳动分红，不宜比照国税发 [2000] 60 号文的规定暂缓征收个人所得税。理由是：（一）两者的前提不同。国税发 [2000] 60 号文规定暂缓征税的前提，是集体所有制企业改制为股份合作制，而联想集团改制不符合这一前提。（二）两者的分配方式不同。国税发 [2000] 60 号文规定暂缓征税的分配方式，是在企业改制时将企业的所有资产一次量化给职工个人，而联想集团仅是分配历年留存的劳动分红。

二、联想集团控股公司的做法，实际上是将多年留存在企业应分未分的劳动分红在职工之间进行了分配，职工个人再将分得的部分用于购买企业的国有股权。

三、根据前述事实及个人所得税有关规定，对联想集团控股公司职工取得的用于购买企业国有股权的劳动分红，应按"工资、薪金所得"项目计征个人所得税，税款由联想集团控股公司代扣代缴。

附录5　部分省地税局转发国家税务总局批复的通知

1. 江苏省地方税务局通知

江苏省地方税务局转发《国家税务总局关于联想集团改制员工取得的用于购买企业国有股权的劳动分红征收个人所得税问题的批复》的通知

苏地税发 ［2001］ 151 号

各省辖市及苏州工业园区地方税务局，常熟市地方税务局，省地方税务局直属征收局、税务稽查局：

现将国税函 ［2001］ 832 号《国家税务总局关于联想集团改制员工取得的用于购买企业国有股权的劳动分红征收个人所得税问题的批复》转发给你们，请遵照执行。

附件：国家税务总局关于联想集团改制员工取得的用于购买企业国有股权的劳动分红征收个人所得税问题的批复 （略）

2. 山西省地方税务局通知

山西省地方税务局转发国家税务总局关于联想集团改制员工取得的用于购买企业国有股权的劳动分红征收个人所得税问题批复的通知

晋地税税二发〔2002〕1号

各市（地）地方税务局，省局直属征收局：

现将《国家税务总局关于联想集团改制员工取得的用于购买企业国有股权的劳动分红征收个人所得税问题批复的通知》转发给你们，请遵照执行。

附件：国家税务总局关于联想集团改制员工取得的用于购买企业国有股权的劳动分红征收个人所得税问题的批复（略）

3. 甘肃省地方税务局通知

甘肃省地方税务局关于转发《国家税务总局关于联想集团改制员工取得的用于购买企业国有股权的劳动分红征收个人所得税问题的批复》的通知

甘地税三〔2001〕116号

各地、州、市地方税务局，矿区税务局：

现将《国家税务总局关于联想集团改制员工取得的用于购买企业国有股权的劳动分红征收个人所得税问题的批复》（国税函〔2001〕832号）转发给你们，请依照执行。

附件：国家税务总局关于联想集团改制员工取得的用于购买企业国有股权的劳动分红征收个人所得税问题的批复（略）

甘肃省地方税务局

附录6　安徽省所涉人力资本作价入股政策文件

中共安徽省委、省政府
关于建设合芜蚌自主创新综合试验区人才特区的意见

（2012 年 3 月 26 日）

为贯彻落实省第九次党代会精神，更加突出创新驱动、人才优先，省委、省政府决定建设合芜蚌自主创新综合试验区（以下简称试验区）人才特区，大力提高自主创新能力、着力塑造竞争新优势，推动全省经济社会又好又快发展。现就试验区人才特区工作提出以下意见。

一、总体要求

实施"611 人才行动"，在特定区域针对特殊对象，实行特殊政策、特殊机制和特事特办，大力建设试验区人才特区。"十二五"期间，围绕主导产业和经济社会发展重点领域，扎实推进 6 项工程建设，重点引进培育 100 名左右掌握国际领先技术、引领战略性新兴产业发展的领军人才和 1000 名左右从事主导产业关键核心技术研发并转化重大科技成果的高端人才，引领带动试验区乃至全省创新创业人才总量大幅度增长。加快突破高端技术、落地高端项目、开发高端产品、发展高端产业，努力把试验区打造成人才智力高度密集、体制机制不断创新、科技创新高度活跃、新兴产业高速发展的人才特区，为建设美好安徽提供战略支撑。

二、实施六项工程

（一）重点计划引育人才工程。全面落实中央人才政策，力争更多人才进入"千人计划"。围绕壮大主导产业，制定引进领军人才、高端人才的专项计划。以企业为主体，加快实施省"百人计划"、"高端外国专家引智工程"等，切实抓好"115"产业创新团队建设，大力推进战略性新兴产业"111"人才聚集工程。健全海外人才联络机制，依托统战、外事、侨务、群团和社会中介等渠道，加强与驻外使领馆、华侨华人社团组织的联络，形成定向寻访和引进海外领军人才、高端人才的网络。鼓励合芜蚌三市结合实际制定特殊人才政策，支持开发园区、企业等通过开展重大产学研合作等形式，面向国内外引进或柔性引进领军人才、高端人才。

责任单位：省创新办、省委组织部、省委统战部、省发改委、省教育厅、省经济和信息化委、省财政厅、省人力资源和社会保障厅、省外办、省科协，合肥市、芜湖市、蚌埠市。

（二）产学研实体集聚人才工程。面向主导产业发展需求，突出试验区特色优势，坚持"以市为主"，建设高层次、综合性、开放式的新型产学研示范实体，集聚一批国内外领军人才、高端人才团队，研发转化一批重大科技成果，孵化培育一批科技企业，形成一批产业基地。

责任单位：省创新办、省委组织部、省发改委、省经济和信息化委、省财政厅、省人力资源和社会保障厅，合肥市、芜湖市、蚌埠市。

（三）重大科技成果转化工程。扶持由领军人才、高端人才承担的重大科技成果转化项目，鼓励高校、科研院所科技人员创办企业或进入企业转化科技成果。依托高新技术产业开发区和经济技术开发区等园区，开辟海外领军人才、高端人才科技创新创业园。加强试验区科技创新公共服务中心和科研集群、孵化、产业化基地建设，打造重大科技成果转化集成孵化平台，加快重大科技成果转化和创新产品推广。

责任单位：省创新办、省委组织部、省发改委、省财政厅、省人力资源和社会保障厅、省商务厅，合肥市、芜湖市、蚌埠市。

（四）战略性新兴产业引领工程。推进优势传统产业和战略性新兴产业融合发展，深入实施"千百十"工程，支持领军人才、高端人才领衔攻关科研难题，创新技术标准，抢占产业链高端。鼓励重大技术装备、关键成套设备的研发应用，加快培育领军企业，尽快形成规模。积极争取国家有关部委支持，优先在试验区布局一批战略性新兴产业重大工程项目。建立试验区与中关村合作机制，引进高校、科研院所到试验区建立研发机构、转化科技成果，引进高端企业到试验区设立分支机构、建立产业基地。实行"一企一策"，扶持战略性新兴产业重点企业尽快发展壮大、做优做强。

责任单位：省发改委、省创新办、省财政厅，合肥市、芜湖市、蚌埠市。

（五）创新创业载体建设工程。以合肥、芜湖、蚌埠国家级高新技术产业开发区为重点，集聚创新要素，转化创新成果，打造产业和人才高地。积极争取国家有关部委支持，推进合肥国家科技创新型试点市示范核心区建设，强化基础研究和应用技术研究对接，加快科技成果转化。鼓励企业整合高校、科研院所科技资源，建立一批重点实验室和新型研发机构，研发转化重大科技成果。

责任单位：省创新办、省委组织部、省发改委、省经济和信息化委、省人力资源和社会保障厅，合肥市、芜湖市、蚌埠市。

（六）创新创业环境优化工程。加大先行先试力度，积极争取国家支持开展更多政策试点。用足用活企业股权和分红激励试点政策，放大综合效应。加快推进科技金融结合，完善创业投资、境内外上市等投融资服务模式。支持国家高新技术产业开发区进入股权代办转让系统。深入实施知识产权质押贷款、科技保险试点，加快推进科技担保、科技贷款。强化知识产权的行政与司法保护，完善试验区知识产权保护制度。培育引进领军人才、高端人才的中介机构，建立面向领军人才、高端人才的跟踪服务和沟通反馈机制，协助解决工作和生活中的实际困难，不断优化特殊人才的工作环境、生活环境、政策环境和法制环境。更加尊重人才、珍惜人才、关爱人才、用好人才，努力营造"鼓励创新、宽容失败"的创新环境。

责任单位：省委组织部、省创新办、省发改委、省财政厅、省人力资源和社会保障厅、省地税局、省政府金融办、省国税局，合肥市、芜湖市、蚌埠市。

三、政策措施

（一）市场化人才评价政策。对掌握国际领先技术、携带重大科技成果来试验区转化，以及从事主导产业关键核心技术研发并转化重大科技成果、有望带来重大经济社会效益的人才和团队，经所在市评审并报国家技术创新工程试点暨合芜蚌自主创新综合试验区工作推进领导小组审核后，认定为领军人才或高端人才。颁发领军人才或高端人才证书，证书有效期3年。

责任单位：省人力资源和社会保障厅、省创新办、省委组织部、省财政厅，合肥市、芜湖市、蚌埠市。

（二）人力资本作价入股政策。领军人才或高端人才，可凭借研发技能、管理经验等人力资本作价出资办企业。上述人力资本可协商作价，也可经法定评估机构评估作价。作价入股经企业股东大会或职工代表大会审核通过后，形成作价协议。注册资本中高新技术成果和人力资本的作价可以叠加进行注册。

责任单位：省工商局、省财政厅、省国资委，合肥市、芜湖市、蚌埠市。

（三）个人所得税优惠政策。2013 年 12 月 31 日前，试验区内高新技术企业转化科技成果，以股份或出资比例等股权形式给予本企业相关技术人员奖励，技术人员一次性缴纳税款有困难的，经主管税务机关审核，可分期缴纳个人所得税，但最长不得超过 5 年。试验区内高新技术企业、创新型企业和创业风险投资机构年薪 10 万元以上的高层技术、管理人员，5 年内实际缴纳的个人所得税省、市留成部分全额奖励个人用于创新创业。

责任单位：省财政厅、省地税局、省国税局，合肥市、芜湖市、蚌埠市。

（四）财政扶持政策。省、市财政及试验区专项资金应优先支持领军人才和高端人才创新创业，入选国家"千人计划"的人才由省财政资助 50 万元，入选省"百人计划"的人才由所在市财政给予相应资助。试验区企业通过中介公司引进领军人才和高端人才的，由所在市按照核定中介服务费用的一定比例，给予企业补贴。

责任单位：省财政厅、省创新办、省委组织部、省人力资源和社会保障厅，合肥市、芜湖市、蚌埠市。

（五）职称评定政策。试验区高新技术企业中从事工程技术研发生产且作出突出贡献的人才，可不受学历、资历、身份、职称、任职年限和论文数量等限制，免于职称外语和计算机应用能力考试，直接申报高级工程师以上专业技术资格评审。

责任单位：省人力资源和社会保障厅、省经济和信息化委，合肥市、芜湖市、蚌埠市。

（六）住房优惠政策。领军人才和高端人才由所在市财政提供购房补贴、租房补贴。鼓励合芜蚌三市建设人才公寓，定向配售给领军人才和高端人才自住。

责任单位：省住房和城乡建设厅，合肥市、芜湖市、蚌埠市。

（七）居留与出入境政策。对外籍领军人才和高端人才及随迁外籍配偶、未满 18 周岁未婚子女，办理《外国人永久居留证》。对未获得《外国人永久居留证》的外籍领军人才和高端人才及配偶、未满 18 周岁子女，需多次临时出入境的，办理 2~5 年有效期的外国人居留许可或多次往返签证。

责任单位：省公安厅、省人力资源和社会保障厅，合肥市、芜湖市、蚌埠市。

（八）学术研修交流资助政策。领军人才和高端人才参加国际学术会议、交流访问、短期进修等，由所在市给予一定比例的活动经费资助。鼓励企事业单位建立学术研修资金，支持领军人才和高端人才开展学术交流。

责任单位：合肥市、芜湖市、蚌埠市。

（九）医疗及配偶安置、子女入学政策。领军人才和高端人才享受医疗照顾人员待遇，到指定的医疗机构就医。所需医疗经费通过现行医疗保障制度解决，不足部分由用人单位按照有关规定解决。对于领军人才和高端人才随迁配偶，纳入所在市公共就业服务体系，优先推荐就业岗位，积极提供就业服务；暂时无法安排的，领军人才和高端人才所在单位可参照本单位平均工资水平，以适当方式为其发放生活补贴。领军人才和高端人才子女入托及义务教育阶段入学，尊重其意愿由所在市教育部门协调安排到相应公办学校就读。

责任单位：省委保健办、省教育厅、省人力资源和社会保障厅、省卫生厅，合肥市、芜湖市、蚌埠市。

（十）人才服务政策。领军人才和高端人才办理工作调动、户口迁转、签证办理、工商注册等，合芜蚌三市及所辖县（市、区）、开发区应开通"绿色通道"，实行一站式受理、一次性告知、一条龙服务。

责任单位：合肥市、芜湖市、蚌埠市。

四、组织领导

在国家技术创新工程试点暨合芜蚌自主创新综合试验区工作推进领导小组统一领导下，由省委组织部牵头抓总试验区人才特区建设工作，省创新办统筹协调推进。合芜蚌三市和省直有关单位要根据职责分工，制定实施细则，抓好贯彻落实。各级宣传部门要深入宣传人才特区建设的重要意义和政策措施，广泛宣传领军人才和高端人才创新业绩和先进事迹，努力营造全社会共同关心支持人才特区建设的舆论氛围。

发挥试验区人才特区政策辐射效应，鼓励试验区外的市结合自身实际，制定特殊人才政策，引进培育领军人才和高端人才，壮大人才队伍，为经济社会发展提供强大的人才智力支撑。

附录7 温州市人力资本出资入股政策

市委办公室 市政府办公室关于印发《温州市人力资本出资登记试行办法》和《温州市人力资本出资入股认定试行办法》的通知

温委办〔2006〕6号

各县（市、区）委、人民政府，市直属各单位：

《温州市人力资本出资登记办法》（试行）和《温州市人力资本出资入股认定办法》（试行），已经市委、市政府领导同意，现印发给你们，请结合工作实际，认真贯彻执行。

中共温州市委办公室

温州市人民政府办公室

2006年2月15日

温州市人力资本出资登记办法（试行）

一、为进一步促进人才资源通过法定形式转化为资本，大力支持我市中小企业特别是高新技术企业的发展，规范人力资本出资行为，根据《中共中央 国务院关于进一步加强人才工作的决定》（中发〔2003〕16号）和修改后的《公司法》的精神，制定本试行办法。

二、本办法所称人力资本指依附在投资者身上，能够给公司带来预期经济效益的人才资源，通过法定形式转化而成的资本。表现为：管理人才、技术人才、营销人才的知识、技能、经验等。

三、适用范围：

（一）适用区域范围：在温州市龙湾区和温州经济技术开发区内登记注册的有限责任公司。

（二）适用行业范围：人力资本较为集中及科技含量较高的先进制造业、现代服务业和创新创意性产业。

（三）适用登记类别：上述企业的设立登记、变更（股权转让、注册资本变更）和注销登记。

四、人力资本出资必须经法定评估机构评估作价，报经市人力资本出资试点工作领导小组确认后一次性投资入股。人力资本出资企业注册资本最低限额为人民币 100 万元，出资比例不得超过公司注册资本总额 30%。

五、人力资本应当一次性作价入股，不得重复入股，以人力资本方式出资的公司可以对外投资。

六、人力资本出资股东必须与非人力资本出资股东订立协议，明确双方权利和义务，非人力资本出资股东对人力资本出资部分承担连带责任。

七、以人力资本出资登记的，股东应将人力资本的出资方式、作价方式以及其他股东对人力资本出资部分承担连带责任等事项在公司章程中予以载明。

八、以人力资本出资登记的公司，《营业执照》注册资本栏中应注明货币出资的数额。

九、以人力资本出资设立登记的，除法律法规规定应当提交的材料外，还应当向登记机关提交下列文件：

（一）法定评估机构出具的人力资本评估作价报告。

（二）市人力资本出资试点工作领导小组对评估作价报告的确认文件。

（三）经全体股东协商将评估值全部或部分折价确认签字的作价协议。

（四）人力资本出资股东与非人力资本出资股东签订的承担人力资本出资部分连带责任协议。

（五）人力资本的出资人就该人力资本一次性作价入股的承诺书。

十、人力资本出资的公司股权转让的，应当按照《公司登记管理条例》的规定办理股权变更登记，以人力资本出资的股权一般只允许转让给以新的人力资本投资的其他股东，也允许其他股东以《公司法》规定的法定出资方式补足。受让股东以人力资本出资的按第九条规定提交所有材料，受让方人力资本评估作价值不足转让金额，不足部分必须以《公司法》规定的法定出资方式出资，如果不足部分无法出资应办理公司减少注册资本登记。非人力资本出资的股东转让股权，除提交《公司法》规定的法定材料外，还必须提交第九条第三、四款规定的协议。

十一、公司变更其他登记事项与本办法第三条规定相抵触的，应将人力资本出资变更为其他方式出资。

十二、以人力资本出资的股东必须是在该公司任职的高级管理人员、技术人员和营销人员等。该股东不得自营或者为他人经营与其所任职公司同类的营业或者从事损害本公司利益的活动。从事上述营业或者活动的，所得收入应当归公司所有。

十三、以人力资本出资的股东必须保证自身的人身健康安全，如果出现该股东人身伤亡或者其他原因不能使公司产生预期经济效益的，其他股东有权提出减少或转让其人力资本出资额的要求。

十四、含人力资本的公司减少注册资本，应当按照《公司登记管理条例》的规定办理减少注册资本的变更登记。对人力资本已达到公司注册资本30%的，人力资本与其他出资方式同比例减少；对人力资本未达到公司注册资本30%的，可以减少其他出资方式的出资，但人力资本在注册资本中所占比例不得超过减资后公司注册资本30%，减资后的公司注册资本总额不得少于最低限额。

十五、公司注销清算时，必须提交审计报告。公司以其全部资产对公司的债务承担责任，非人力资本出资股东除对公司承担其出资额责任外，还应对人力资本出资部分承担连带责任。在清算过程中，当公司非人力资本资产不能抵偿公司的债务时，人力资本出资股东应以对等的其他方式资产弥补人力资本的出资部分，或由其他方式出资的股东对人力资本出资部分承担连带偿还责任，用以抵偿公司债务。

十六、公司章程中涉及人力资本必须载明相关规范条款：

（一）出资者责任条款：股东应当将人力资本的出资方式、作价方式以及其他股东对人力资本出资部分承担连带责任等事项载明。

（二）股权转让条款：因涉及人力资本股权转让的特殊性，一般只允许转让给以新的人力资本投资的其他股东，也允许其他股东以《公司法》规定的法定出资方式补足。

（三）减资条款：含人力资本的公司减少注册资本，应按《公司登记管理条例》第二十八条规定办理。对人力资本已达到公司注册资本30%的，人力资本与其他出资方式同比例减少；对人力资本未达到公司注册资本30%的，可以减少其他出资方式的出资，但人力资本在注册资本中所占比例不得超过减资后公司注册资本 30%。

（四）承担连带责任条款：含人力资本公司注销，必须提交审计报告。在清算过程中，当公司非人力资本资产不能抵偿公司的债务时，人力资本出资股东应以对等的其他方式资产弥补人力资本的出资部分，或由其他方式出资的股东对人力资本出资部分承担连带偿还责任，用以抵偿公司债务。

十七、本试行办法由温州市工商行政管理局负责解释。

温州市人力资本出资入股认定办法（试行）

第一条 为贯彻"科教兴市"、"人才强市"战略，做好人力资本审查认定工作，规范人力资本出资入股行为，制定本办法。

第二条 人力资本，是指依附在投资者身上、能够给公司带来预期经济效益的人才资源通过法定形式转化而成的资本，它可以是管理人才、技术人才或营销人才的知识、技能和经验。

第三条 以人力资本出资入股，由人力资本出资方和企业出资各方共同委托的代表，向科技管理部门提出人力资本审查、认定、备案申请，如实提交相关文件和资料。

第四条 适用区域（暂定）为温州市龙湾区和温州经济技术开发区内登记注册的企业，温州市人力资本出资试点工作领导小组负责人力资本出资入股的认定。

第五条 人力资本的出资者应当保证对该人力资本为一次性作价入股，不得重复入股或多处投资，并就此作出承诺书。

第六条 人力资本可经全体股东协商作价，也可经法定评估机构评估作价，作价后由全体股东签字同意形成作价协议。

第七条 提交审查、认定、备案的材料：

1. 人力资本出资入股认定申请书；

2. 人力资本的出资者承诺书、身份证明、相应的能力证明（包括学历、资历、技术成果、经营业绩证明材料）；

3. 全体股东签字同意的作价协议书。

第八条 科技管理部门自接到全部符合规定的文件之日起，一个月内作出审查认定决定。如发现所提交文件不符合规定，有权要求限期补交或修改，否则不予认定。

第九条 科技管理部门对符合条件的人力资本，出具《人力资本出资入股认定书》（以下简称《认定书》）；对不符合条件的，应将审查意见函告申请人。《认定书》只适用于本次出资入股行为。

第十条 企业出资者应当在收到《认定书》后三个月内，按照国家关于企业登记的有关规定，持科技管理部门的《认定书》和其他文件，到工商行政管理机关办理企业登记手续。逾期申请登记的，应当报审查认定机关确认原认定文件的效力或者另行报批。

第十一条 在人力资本申请审查过程中隐瞒真实情况、提供虚假材料或采取其他欺诈手段骗取人力资本认定书的，由审查认定机构撤销认定书，并通报企业登记机关，由登记机关责令企业改正，并依《公司法》予以处罚。

第十二条 本办法由温州市人力资本出资试点工作领导小组商温州市科学技术局、温州市工商行政管理局解释。

第十三条 本办法自发布之日起施行。

附录8 上海浦东新区人力资本出资办法

浦东新区人力资本出资试行办法

为贯彻"科教兴国"、"人才强国"战略，支持浦东新区的发展，促进人才资源通过法定形式转化为资本，制定本试行办法。

一、人力资本的定义：指依附在投资者身上，能够给公司带来预期经济效益的人才资源，通过法定形式转化而成的资本。表现为：管理人才、技术人才、营销人才的知识、技能、经验等。

二、在浦东新区范围内登记注册的有限责任公司和股份有限公司（不含外商投资企业），属于以金融为核心的现代服务业、以高新技术为主导的先进制造业、以自主知识产权为特征的创新创意产业的，可以人力资本作价投资入股。以人力资本作价出资的金额不得超过公司注册资本的百分之三十五。公司《营业执照》

的注册资本栏中应注明货币出资的数额。

三、人力资本可经法定评估机构评估作价，也可经全体股东协商作价并出具由全体股东签字同意的作价协议。人力资本作价入股应当提交由法定验资机构出具的验资证明。

四、以人力资本出资登记的，股东应当将人力资本的出资方式、作价方式以及其他股东对人力资本出资部分承担连带责任等事项在公司章程中予以载明。

五、以人力资本出资登记的，除法律、法规规定应当提交的材料外，还应当向登记机关提交下列文件：

1. 协商作价的，应当提交全体股东就该人力资本作价入股达成的协议；评估作价的，应当由具有评估资格的资产评估机构评估作价；

2. 具有法定资格的验资机构出具的验资证明；

3. 人力资本的出资人就该人力资本一次性作价入股的承诺书。

六、人力资本应当一次性作价入股，不得重复入股。以人力资本方式出资的公司可以对外投资。

七、人力资本出资的公司股权转让的，应当按照《公司登记管理条例》的规定办理股权变更登记。

八、人力资本的退出，应当按照《公司登记管理条例》的规定办理减少注册资本的变更登记。

九、公司清算时，股东以其出资额为限对公司承担责任，公司以其全部资产对公司的债务承担责任。

十、本试行办法由上海市工商行政管理局负责解释。

附录9 江苏省推进技术股份化的若干意见

江苏省科学技术委员会、江苏省经济体制改革委员会 印发《关于推进技术股份化的若干意见》的通知

苏科成 ［1999］ 517 号

各市科委、体改委：

为了贯彻中共中央、国务院《关于加强技术创新，发展高科技，实现产业化的决定》，调动广大科技人员从事技术创新的积极性，加速科技成果向现实生产力的转化，省科学技术委员会和省经济体制改革委员会联合制定了《关于推进技术股份化的若干意见》（以下简称《意见》）。现将《意见》印发给你们，请认真贯彻执行。

　　附:《关于推进技术股份化的若干意见》

江苏省科学技术委员会、江苏省经济体制改革委员会

一九九九年十月二十九日

关于推进技术股份化的若干意见

中共中央、国务院《关于加强技术创新，发展高科技，实现产业化的决定》（以下简称《决定》）中指出，要通过深化改革，从根本上形成有利于科技成果转化的体制和机制，加强技术创新，发展高科技，实现产业化。为了贯彻《决定》精神，鼓励体制创新，推进技术股份化，特提出如下意见：

一、鼓励高新技术成果作价入股

经省科技行政主管部门认定的高新技术成果作为股权投资的，成果价值占注册资本的比例可以达到35%。合作各方另有约定的，从其约定。但是成果作价金额在500万元人民币以上，且超过公司或企业注册资本35%的，由省科技行政主

管部门报国家科技部审批。用高新技术成果进行股权投资的，应当进行评估。合作各方对成果的价值能够协商一致的，也可以协议价格作为投资价值。高新技术成果作为股权投资的，其成果完成人可以获得不低于该成果所占股份的40%的股权奖励。对科技人员获得的股权奖励，暂不计征个人所得税。

二、鼓励科技人员持大股

应用开发类的科研院所在改制时，骨干科技人员可以持大股。以应用开发类项目的转化应用为主的中小型企业，骨干科技人员的持股比例可以不低于总股本的50%。关系企业生存发展的核心科技人员，可以采用人力资本作价入股的形式。人力资本作价入股，必须由具备相应资质的评估机构采用国际上成熟的人力资本评估方法进行评估，且作价入股的比例不得超过总股本的35%。对国有企业改制为股份制企业的，骨干科技人员购买股权欠缺的资金可以采取先向公司借贷的方式。但借贷金额不得超过应购股份总额的10%，且应当与公司订立借款合同，约定借款担保、借款利息、返还期限、返还方式和违约责任。

三、向科技人员提供股份奖励

经省科技行政主管部门认定的高新技术企业，经有权部门批准后，可以从所有者权益的增值部分中拿出不超过30%的比例作为股份奖励给科技人员。骨干科技人员获得的股份奖励份额，应当不低于上述奖励总额的50%。

四、鼓励采取期股、干股等长期性的激励措施

对公司制企业的骨干科技人员，可以采用期股、干股等长期性的激励措施。实施期股激励，科技人员应与公司签订包含有详细考核指标的期股契约。契约中约定的、在一定期限以后购买本公司股票的价格不得低于公司股票的现值。期股的来源主要有公司原有股东转让、资本公积金和盈余公积金转增和配股权赠送。根据契约确定的指标对科技人员进行考核，并根据考核结果按照契约规定的比例以约定价格逐年兑现。期股激励必须由所在公司董事会提出方案，经股东会同意。兑现后的期股，应当与公司签订托管协议，由公司托管。科技人员提前离开公司或者出现严重经营失误，不得再享有期权。

经有权部门批准后，公司制企业可以在股本结构中设立岗位股，将股份红利作为技术骨干的年度奖金。干股的所有权仍归公司原有股东所有，但享受干股激励的技术骨干拥有干股的收益权。干股兑现根据技术骨干的工作业绩来决定。技术骨干无权转让该股份，离开公司后也不得带走。

此外，公司制企业还可以参照国外有关技术骨干持股的做法，进行适合中国国情的其他股权激励尝试。如对骨干科技人员定向发行股票、赠送配股权或者要求新加入公司的技术骨干从二级市场上购买公司股票并锁定，等等。

一九九九年十月二十九日

参 考 文 献

[1] Baldwin, C.Y. and Clark, K.B., Design Rules: The Power of Modularity (Vol.1.) [M]. MIT Press, 2000.

[2] Becker Gary, Human Capital and the Personal Distribution of Income: Analytical, Woytinsky Lecture No.1, Institute of Public Administration and Arbor, University of Michigan, 1997.

[3] Chang, J., Lai, C.and Lin, C., Profit Sharing, Worker Effort, and Double-sided Moral Hazard in an Efficiency Wage Model [J]. Journal of Comparative Economics, 2003 (31).

[4] Harris, M.and A.Raviv, Corporate Governance: Voting Rights and Majority Rules. Journal of Financial Economics, 1988 (20).

[5] Lucas Robert E., Jr., On the Mechanics of Economic Development [J]. Journal of Monetary Economics, 1988 (22).

[6] K.Arrow, Economic Implication of Learning by Doing [J]. Review of Economic Studies, Vol.25, 80 (June 1962).

[7] Milgorm and Robert, Economics, Organization and Management [M]. Englewood Cliffs, NJ: Prentice hall, 1992.

[8] Stiglitz, J.E, Incentives and Risk Sharing in Sharecropping [J]. Review of Economic Studies, 1974 (2).

[9] Sturgeon T.J., Modular Production Networks: A New American Model of Industrial Organization (Vol.11) [J]. Industrial and Corporate Change, 2002 (3).

[10] Weitzman, The Share Economy: Conquering Stagflation [M]. Cambridge, Mass: Harvard University Press, 1984.

[11] 蔡昉, 王德文. 中国经济增长可持续性与劳动贡献 [J]. 经济研究,

1999（10）.

[12] 曹虹剑，张慧，刘茂松.产权治理新范式：模块化网络组织产权治理 [J].中国工业经济，2010（7）.

[13] 陈育琴.人力资本股份化：现实中激励约束机制的次优选择 [J].桂海论丛，2003（4）.

[14] 邓承师.应对"经理革命"的出路探析 [J].中国工业经济，2004（12）.

[15] 方竹兰.人力资本所有者拥有企业所有权是一个趋势 [J].经济研究，1997（6）.

[16] 冯子标，焦斌龙.人力资本参与企业收益分配：一个分析框架及其实现条件 [J].管理世界，2004（3）.

[17] 盖晓敏.人力资本产权特征及其股权化实现 [J].山东大学学报（哲社版），2003（6）.

[18] 郭雷.管理层收购中国实践：企业改制与员工持股操作指南 [M].北京：电子工业出版社，2004.

[19] 胡世明.论人力资本保全 [J].会计研究，1995（8）.

[20] 李宝元.人力资本产权与中国企业改革 [J].学术论坛，2000（3）.

[21] 李宝元.人力资本产权安排与国有企业制度改革 [J].财经问题研究，2001（8）.

[22] 李海舰，冯丽.企业价值来源及其理论研究 [J].中国工业经济，2004（3）.

[23] 李海舰.现代企业战略十大转移 [J].太原科技，2006（12）.

[24] 李海舰，魏恒.新型产业组织分析范式构建研究——从 SCP 到 DIM [J].中国工业经济，2007（7）.

[25] 李海舰，原磊.基于价值链层面的利润转移研究 [J].中国工业经济，2005（6）.

[26] 李维安，等.美国的公司治理：马其诺防线 [M].北京：中国财政经济出版社，2003.

[27] 林毅夫.提高劳动所得在分配中的比重 [N].人民日报，2008-1-14.

[28] 刘茂松，曹虹剑.信息经济时代产业组织模块化与垄断结构 [J].中国工业经济，2005（8）.

[29] 刘茂松，陈素琼. 知识经济条件下企业治理结构中权威关系的变化 [J]. 中国工业经济，2005（3）.

[30] 刘茂松，陈柏福. 论柔性契约与垄断结构企业模式 [J]. 中国工业经济，2006（5）.

[31] 刘运材. 企业集群内部的企业家协调 [J]. 经济研究导刊，2007（3）.

[32] [美] 刘遵义. 东亚经济增长的源泉与展望 [J]. 数量经济技术经济研究，1997（10）.

[33] 潘敏，谢献谋. 两权分离的实质与我国股份制企业的内部人控制问题 [J]. 武汉大学学报（社会科学版），2003（1）.

[34] 青木昌彦，安藤晴彦. 模块时代：新产业结构的本质 [M]. 上海：上海远东出版社，2003.

[35] 秦兴方. 按人力资本分配在分配结构中的耦合功能 [J]. 经济学家，2003（5）.

[36] 任保平，白永秀. 效率激励与人力资本参与企业收入分配的制度创新 [J]. 求是学刊，2004（4）.

[37] 盛乐. 对人力资本及其产权要求的经济学分析 [J]. 学术月刊，2005（9）.

[38] 王化成. 企业分配理论模式研究 [J]. 会计师，2005（4）.

[39] 王仲兵. 论扩展资本保全理论 [J]. 四川会计，1999（6）.

[40] 文宗瑜. 人力资本产权的定价及其交易 [J]. 中国工业经济，2001（3）.

[41] 肖曙光，等. 企业人力资本量化模式探讨 [J]. 中国流通经济，2005（1）.

[42] 肖曙光. 企业人力资本入股股东的收入模式探究 [J]. 中州学刊，2005（5）.

[43] 肖曙光. 企业人力资本出资实施：一个整体框架研究 [J]. 中国工业经济，2006（8）.

[44] 肖曙光. 人力资本主导范式下的两权融合与分离 [J]. 中国工业经济，2009（3）.

[45] 肖曙光. 战略性新兴产业组织的劳资分配 [J]. 中国工业经济，2011（2）.

[46] 杨瑞龙，周业安. 一个关于企业所有权安排的规范性分析框架及其理论含义 [J]. 经济研究，1997（1）.

［47］杨瑞龙，周业安.交易费用与企业所有权分配合约的选择［J］.经济研究，1998（9）.

［48］姚先国.人力资本与劳动者地位［J］.学术月刊，2006（2）.

［49］昝廷全.资源位定律及其应用［J］.中国工业经济，2005（11）.

［50］赵雯.人力资本股份化探讨［J］.同济大学学报（社会科学版），2002（4）.

［51］赵农.权威关系的形成与企业的性质［J］.政治经济学评论，2004（1）.

［52］张洁.试论扩展资本保全理论研究的理论基础［J］.当代经济科学，1999（5）.

［53］张庆昌，刘启亮.论人力资本的两层次保全［J］.河北经贸大学学报，2002，23（5）.

［54］张维迎.所有制、治理结构及委托—代理关系［J］.经济研究，1996（9）.

［55］周其仁.市场里的企业：一个人力资本与非人力资本的特别合约［J］.经济研究，1996（6）.

［56］朱怀江.变分红权为股权——联想的产权革命［J］.财会月刊，2001（13）.

［57］朱瑞博.中国战略性新兴产业培育及其政策取向［J］.改革，2010（3）.

后　记

　　本专著是在笔者所主持的国家社科基金项目（批准号 10BJL022）结项报告、中国社会科学院工业经济研究所博士后出站报告、华侨大学财政部数量经济学特色重点学科建设专项基金资助项目（批准号 12C14093）和中央高校基本科研业务费资助项目（英文：Supported by the Fundamental Research Funds for the Central Universities）·华侨大学哲学社会科学青年学者成长工程资助项目（批准号 12SKGC-QT01）研究成果的基础上整理而成。专著得以顺利成型脱稿，首先必须特别感谢国家社科基金、中国博士后基金、华侨大学学科建设专项基金和华侨大学哲学社会科学青年学者成长工程的宝贵资助，可以说，没有它们的资助，就没有笔者在该研究领域的多年研究坚持和本专著的完成！

　　在课题研究和专著撰写期间，作为国家社科基金项目课题组重要成员，中国社会科学院工业经济研究所金碚所长、李海舰研究员以及中南大学商学院常务副院长游达明教授、湖南商学院李灿教授等曾多次参与研究讨论，并高屋建瓴地提出了许多富有建设性的思想或建议，在此深表感谢！

　　专著的完成，必须感谢蒋永华、谢汤庭、孙文和蒋苁等我所指导的诸多研究生！他们在研究生就读期间作为课题组成员都不同程度地参与了我所主持的国家社科基金项目和湖南省社科基金项目研究，他们的学位论文大多以这些项目的某个方向进行选题并成为了本专著不可或缺的阶段性成果。可以说，他们为本专著付出了不少的汗水。

　　感谢中国社会科学院工业经济研究所，这个智慧的集体给我提供了研究支持和帮助！其中，要特别感谢工业经济研究所党委书记黄群慧研究员，工业经济研究所时任党委书记、现数量经济与技术经济研究所所长李平研究员，工业经济研究所原所长吕政研究员、沈志渔研究员、吕铁研究员、樊建勋主任、谷玉珍处长、杨宏静老师、高粮老师、王燕梅老师等众多领导和老师，您们的关照和帮

·213·

助，我将永远铭记在心！

感谢中国社会科学院科研局基金处的各位领导，您们为国家社科基金项目的顺利结题付出了不少的精力，您们的帮助，我深表谢意！

华侨大学经济与金融学院院长胡日东教授、中央财经大学商学院副院长崔新健教授、湖南师范大学商学院刘茂松教授等众多专家学者在本专著修改过程中提出了很多宝贵建议，在此深表感谢！

同时，十分感谢经济管理出版社的各位领导和编辑，本专著的顺利出版得到了他们很多的关心和帮助，他们的付出、热情、细心和善意，我将铭记在心。

本专著是在吸取了国内外学者们有关研究成果的基础上形成的，如果没有他们的科研作为素材，就算我是一位技艺高超的"巧媳妇"，也"难做无米之炊"。因此，我要对他们深表谢意。

要感恩的人实在太多太多，在这短短的致谢中恕我不能逐一提到。这里，让我向所有需要感恩的人致以最崇高的敬意和最诚挚的谢意！

最后，我要特别感谢我的父母、妻子和家人，我最敬爱的母亲虽然已于多年前永久地离我而去，但她曾终身教导我的"依稀懒惰件件无，勤劳发狠桩桩有，付出才有收获"一直被作为我心中的"座右铭"，它将永远铭刻在心并不断鞭策我努力奋进。另外勤劳、朴实和坚韧的父亲盼我"博士后"早日出炉的殷殷期盼也在激励我早日完成学业。专著撰写期间，我的妻子黄鹤女士任劳任怨默默奉献，为我做出了巨大牺牲，为了我能有更多时间投入博士后研究和专著写作，承担了繁杂的家务和培养儿子的重担，可以说本专著凝浸了她的辛勤汗水毫不为过。

"学海无涯苦作舟，书山有路勤为径"，我清醒地知道，本专著的出版，只是我进行学术研究的一个阶段性总结，今后我将继续奋发前行，以更多新成果、好成果来报答所有我需要感恩的人。

肖曙光

2015 年 3 月